AI시대의 코딩 스타트

ChatGPT와 함께하는 파이썬 입문

Introduction to Python with ChatGPT

홍석우 지음

우리가 살고 있는 현대 사회는 정보의 바다에서 끊임없이 새로운 지식과 기술을 탐색하며 발전하고 있습니다. 이러한 변화의 중심에는 인공지능(AI)이 자리 잡고 있으며, 그 핵심 도구 중 하나가 바로 프로그래밍 언어 '파이썬'입니다. 이 책, "AI 시대의 코딩 스타트: ChatGPT와 함께하는 파이썬 입문"은 파이썬의 기본부터 시작해 인공지능의 세계로 여러분을 안내할 것입니다. 특히, 최신 AI 기술 중 하나인 GPT-4를 활용한 다양한 실용적 프로젝트를 통해, 이론과 실제가 어우러진 학습의 장을 마련하였습니다.

파이썬은 그 유연성, 사용의 용이성, 강력한 라이브러리 지원으로 인해 전 세계적으로 사랑받는 프로그래밍 언어입니다. 데이터 과학, 웹 개발, 자동화, 그리고 물론 인공지능 분야에서도 파이썬은 중심적인 역할을 하고 있습니다. 이 책에서는 파이썬의 역사와 특징, 그리고 활용 분야에 대해 소개함으로써, 독자 여러분이 왜 파이썬을 배워야 하는지에 대한 명확한 이해를 돕고자 합니다.

GPT-4와 같은 최신 인공지능 모델은 우리가 정보를 처리하고 지식을 습득하는 방식을 근본적으로 변화시키고 있습니다. 이 책에서는 GPT 모델의 역사를 살펴보고, 이를 활용한 다양한 유스케이스와 산업별 활용 사례를 통해 AI 기술의 현재와 미래를 탐구합니다. 독자 여러분은 이를 통해 AI 기술이 실제 산업 현장에서 어떻게 응용되고 있는지를 실감할 수 있을 것입니다.

본서의 두 번째 장부터는 파이썬의 설치부터 시작하여, 기본 문법, 프로그램 흐름 제어, 함수와 모듈 사용법 등 파이썬 프로그래밍의 기초를 단계별로 설명합니다. 이를 통해 프로그래밍에 처음 입문하는 독자도 쉽게 따라올 수 있도록 구성하였습니다.

실용적 프로젝트 섹션은 이 책의 하이라이트입니다. 할 일 목록 관리 애플리케이션부터 시작하여, 윈도우 그림판, 일정표 작성 프로그램, 자율주행 차량의 장애물 회피 시스템, 개인 재정 관리 도구에 이르기까지 다양한 프로젝트를 통해 파이썬과 AI 기술의 실제적인 활용법을 배울 수 있습니다. 각 프로젝트는 이론적 지식을 실제 문제 해결에 적용하는 방법을 보여주며, 독자 여러분이 자신만의 프로젝트를 시작하는 데 필요한 영감을 제공할 것입니다.

이 책은 AI 시대에 발맞춰 코딩을 시작하고자 하는 모든 이들에게 적합합니다. 학생, 교육자, 개발자 또는 코딩에 관심이 있는 일반인이라면 누구나 이 책을 통해 파이썬과 AI 기술의 기초를 탄탄히 다질 수 있을 것입니다. "AI 시대의 코딩 스타트: ChatGPT와 함께하는 파이썬 입문"은 여러분이 새로운 기술 시대의 문턱을 넘는 데 도움을 줄 것입니다.

AI와 함께하는 여정에 여러분을 초대합니다. 이 책이 여러분의 학습에 있어 빛나는 이정표가 되길 바랍니다.

2024년 2월
저자

생성형 인공지능(Generative AI) 모델은 데이터로부터 새로운 콘텐츠를 생성할 수 있는 AI 기술로, 텍스트, 이미지, 음악 등 다양한 형태의 콘텐츠를 만들어냅니다. 여기서는 생성형 AI 입문자를 위해 최근 주요하게 사용되는 생성형 AI 모델 10가지를 소개하고 상세하게 설명하겠습니다.

1. GPT(Generative Pre-trained Transformer)

■ 개요

GPT, 즉 Generative Pre-trained Transformer는 OpenAI에 의해 개발된 자연어 처리를 위한 대규모 언어 모델입니다. GPT 모델은 딥러닝 기반의 Transformer 아키텍처를 사용하여, 대량의 텍스트 데이터로부터 사전 학습(pre-training)을 수행하고, 이를 통해 언어의 구조와 패턴을 학습합니다. 사전 학습된 모델은 다양한 자연어 처리(NLP) 작업에 미세 조정(fine-tuning)될 수 있으며, 이를 통해 특정 작업에 최적화된 성능을 발휘할 수 있습니다.

■ 특징

- 언어 이해 및 생성 능력: GPT는 텍스트를 생성하고, 자연스러운 언어로 대화하며, 텍스트의 의미를 이해하는 등 다양한 언어 기반 작업을 수행할 수 있습니다.
- 유연한 미세 조정: 다양한 NLP 작업에 적용될 수 있도록 설계되어 있으며, 각종 분류, 질문 응답, 텍스트 생성 등의 작업에 맞춰 모델을 미세 조정할 수 있습니다.
- 대규모 사전 학습 데이터: 인터넷에서 수집된 대량의 텍스트 데이터를 사용하여 학습되며, 이를 통해 광범위한 지식과 언어 이해 능력을 갖춥니다.
- Zero-shot 또는 Few-shot 학습: 매우 적은 데이터로도 새로운 작업에 적응할 수 있는 능력을 보이며, 경우에 따라서는 추가적인 학습 데이터 없이도 작업을

수행할 수 있습니다.

■ 사용 사례

• 텍스트 생성: 뉴스 기사, 이야기, 시나리오 등 다양한 형태의 텍스트를 생성할 수 있습니다. 창의적인 콘텐츠 제작에 활용될 수 있습니다.

• 챗봇 및 대화형 시스템: 자연스러운 대화를 생성할 수 있기 때문에, 고객 서비스 챗봇이나 가상 비서 등 대화형 애플리케이션에 활용됩니다.

• 기계 번역: GPT 모델은 뛰어난 언어 이해 능력을 바탕으로 다양한 언어 간의 번역 작업에도 사용될 수 있습니다.

• 자연어 이해 및 처리: 감정 분석, 요약, 분류 등 다양한 자연어 이해 작업에 GPT 모델이 활용될 수 있습니다.

• 코드 생성 및 분석: 최근에는 GPT 모델을 활용하여 프로그래밍 코드를 생성하거나 분석하는 작업에도 활용되고 있습니다. 이를 통해 개발자의 생산성을 향상시키는 도구를 만들 수 있습니다.

GPT와 같은 언어 모델의 발전은 AI가 인간 언어를 이해하고 생성하는 방식을 근본적으로 변화시키고 있습니다. 이러한 모델은 NLP 분야뿐만 아니라 다양한 산업과 분야에서 혁신적인 애플리케이션을 가능하게 하고 있습니다.

2. LaMDA (Language Model for Dialogue Applications)

■ 개요

LaMDA는 Google에서 개발한 대화형 AI 언어 모델로, 다양한 주제에 대해 자연스러운 대화를 생성할 수 있도록 설계되었습니다. Google I/O 2021에서 처음 소개된 이 모델은 특정 사용자 입력에 대해 관련성 높고 풍부한 대화를 생성할 수 있는 능력을 갖추고 있습니다. LaMDA는 기존의 언어 모델과 달리, 더 넓은 범위의 대화 흐름을 이해하고 유지할 수 있도록 최적화되었습니다.

■ 특징

- **개방형 대화 지원**: LaMDA는 개방형 대화(Open-domain dialogue)를 지원하여, 제한된 도메인이나 스크립트에 구애받지 않고 다양한 주제에 대해 대화할 수 있습니다.
- **자연스러운 대화 생성**: 이 모델은 문맥을 이해하고, 그에 맞는 자연스러운 대화를 생성할 수 있는 능력이 뛰어납니다. 이는 사용자와의 인터랙션을 더욱 풍부하고 의미 있게 만듭니다.
- **주제 전환 능력**: LaMDA는 대화 도중 주제가 바뀌어도 문맥을 유지하며 자연스럽게 대응할 수 있습니다. 이는 복잡한 대화 흐름을 잘 따라갈 수 있음을 의미합니다.
- **다양한 언어 형태에 대한 이해**: 질문, 명령, 농담 등 다양한 언어 형태와 표현에 대해 높은 이해도를 보입니다.

■ 사용 사례

- **고객 서비스 자동화**: LaMDA를 활용하여 고객 질문에 자동으로 응답하는 고객 서비스 챗봇을 구현할 수 있습니다. 이는 고객 만족도를 높이고 운영 비용을 절감하는 데 기여할 수 있습니다.
- **가상 비서**: LaMDA 기반의 가상 비서는 사용자의 요청을 이해하고, 일정 관리, 정보 검색, 일상 대화 등 다양한 작업을 수행할 수 있습니다.
- **교육 및 튜터링**: 교육 분야에서 LaMDA는 학생들에게 맞춤형 학습 경험을 제공하는 튜터 역할을 할 수 있습니다. 복잡한 개념 설명부터 학습자의 질문에 대한 답변까지 다양한 교육적 상호작용이 가능합니다.
- **엔터테인먼트 및 게임**: LaMDA를 활용하여 게임이나 엔터테인먼트 애플리케이션에서 사용자와의 대화형 상호작용을 구현할 수 있습니다. 이는 사용자 경험을 풍부하게 만들어 줍니다.

LaMDA는 그 유연성과 다양한 대화 능력으로 인해, 사람과 기계 간의 상호작용을 한층 더 자연스럽고 의미 있게 만들어주는 혁신적인 기술입니다. Google은 LaMDA를 지속적으로 개선하고, 더욱 다양한 분야에서의 활용 가능성을 모색하고 있습니다.

3. Bard

2023년 초, Google은 "Bard"라는 이름의 생성형 AI 모델을 발표했습니다. 이 모델은 사용자와 자연스러운 대화를 나눌 수 있으며, 다양한 주제에 대한 정보를 제공하고, 복잡한 질문에 답변할 수 있는 능력을 갖추고 있습니다. Bard는 Google이 ChatGPT와 같은 대화형 AI 기술의 발전에 대응하기 위해 개발한 것으로, 검색과 정보 탐색, 그리고 창의적인 콘텐츠 생성을 목적으로 합니다.

■ 개요

Bard는 대규모 언어 모델을 기반으로 하며, 사용자의 질문이나 요청에 따라 텍스트 형태의 답변을 생성합니다. 이 모델은 인터넷에서 사용할 수 있는 방대한 정보를 학습하고, 이를 바탕으로 인간과 같은 자연스러운 대화를 구현하려고 시도합니다.

■ 특징

- 대화형 인터페이스: Bard는 사용자의 질문에 대한 직접적인 답변뿐만 아니라, 대화를 통해 추가 정보를 탐색하고 제공할 수 있습니다.
- 실시간 정보 탐색: Bard는 최신 정보에 접근하고 이를 반영하여 답변할 수 있는 능력을 갖추고 있어, 시시각각 변하는 세상의 정보를 사용자에게 제공할 수 있습니다.
- 창의적 콘텐츠 생성: 이야기 작성, 시나리오 개발, 아이디어 생성 등 창의적인 작업을 지원할 수 있습니다.

• **학습 및 적응 능력**: Bard는 지속적으로 데이터를 학습하여, 그 성능을 개선하고 사용자의 요구에 더 잘 맞는 답변을 제공할 수 있습니다.

■ 사용 사례

• **교육 및 학습**: 학생들이 특정 주제에 대해 질문하고, Bard가 이에 대한 설명과 예시를 제공함으로써 학습 과정을 지원할 수 있습니다.

• **정보 탐색**: 사용자가 최신 뉴스, 과학적 발견, 역사적 사실 등에 대한 정보를 요청할 때 Bard가 관련 정보를 제공합니다.

• **창의적 작업**: 작가나 크리에이터가 아이디어 발상이나 콘텐츠 개발에 차질을 겪고 있을 때, Bard를 사용하여 새로운 아이디어를 얻거나 스토리를 발전시킬 수 있습니다.

• **일상 대화**: 사용자가 일상적인 주제나 취미, 관심사에 대해 대화를 나누고 싶을 때 Bard와 대화하며 즐거운 시간을 보낼 수 있습니다.

Google의 Bard는 AI와 인간의 상호작용 방식을 한 단계 발전시키며, 사용자에게 보다 유용하고 창의적인 정보 접근 방법을 제공하고자 합니다. Bard의 발전은 AI 기술의 미래와 사람들의 일상 생활에 어떻게 통합될 수 있을지에 대한 흥미로운 시각을 제공합니다.

4. DALL·E

■ 개요

DALL·E는 OpenAI에 의해 개발된 혁신적인 생성형 인공지능(AI) 모델로, 텍스트 설명을 기반으로 복잡한 이미지를 생성할 수 있습니다. 이 모델의 이름은 유명한 화가 살바도르 달리와 유명한 애니메이션 캐릭터 월리(WALL-E)의 이름을 결합한 것입니다. DALL·E는 GPT-3의 변형으로, 텍스트 입력을 받아 그 내용을 시각적으로 표현하는 이미지를 생성하는 능력을 보여줍니다.

■ 특징

- **창의적 이미지 생성**: DALL·E는 주어진 텍스트 설명에 맞춰 사실적이거나 판타지적인 이미지를 생성할 수 있습니다. 이는 예술, 디자인, 창의적인 문제 해결에 활용될 수 있습니다.
- **고도의 상세 표현**: 생성된 이미지는 종종 놀라울 정도로 상세하며, 텍스트 설명에 언급된 요소들을 정확하게 시각화합니다.
- **다양한 스타일과 컨셉 지원**: DALL·E는 다양한 예술 스타일과 창의적인 컨셉을 이미지로 구현할 수 있습니다. 예를 들어, 특정 시대의 예술 스타일로 표현된 객체나, 실제로는 존재하지 않는 상상 속의 생물을 만들어낼 수 있습니다.
- **적응성과 유연성**: 다양한 주제와 상황에 대한 텍스트 설명을 해석하고, 그에 맞는 이미지를 생성하는 데 있어 높은 적응성을 보입니다.

■ 사용 사례

- **창의적 디자인과 예술**: 예술가와 디자이너는 DALL·E를 사용하여 창작 아이디어를 시각화하거나, 새로운 예술 작품을 창조하는 데 영감을 얻을 수 있습니다.
- **광고와 마케팅**: 광고 캠페인이나 마케팅 자료를 위한 창의적이고 맞춤형 이미지를 빠르게 생성할 수 있습니다.
- **교육 자료 개발**: 교육자들은 복잡한 개념이나 역사적 사건을 설명하기 위해 DALL·E로 생성된 이미지를 활용할 수 있습니다.
- **게임 및 엔터테인먼트**: 게임 개발자들은 DALL·E를 사용하여 게임 내 환경, 캐릭터, 아이템 등의 시각적 자료를 생성하거나 아이디어를 구체화할 수 있습니다.
- **사용자 맞춤형 콘텐츠 생성**: 웹사이트나 앱에서 사용자가 직접 텍스트 설명을 제공하고, 그에 맞는 이미지를 실시간으로 생성하여 제공하는 서비스를 구현할 수 있습니다.

DALL·E는 AI 기술의 한계를 넓히고 창의적인 콘텐츠 생성의 새로운 가능성을 열어주는 모델입니다. 이를 통해 사용자와 크리에이터는 자신의 상상력을 시각적으로 구현하고, 새로운 창작물을 만들어낼 수 있는 도구를 가지게 되었습니다.

5. StyleGAN

■ 개요

NVIDIA가 개발한 StyleGAN은 고품질의 이미지를 생성할 수 있는 GAN(Generative Adversarial Network) 모델입니다.

■ 특징

StyleGAN은 이미지의 스타일을 조절할 수 있으며, 매우 세밀하고 사실적인 이미지 생성이 가능합니다.

■ 사용 사례

얼굴 이미지 생성, 애니메이션 캐릭터 디자인, 가상 패션 모델링.

6. T5 (Text-to-Text Transfer Transformer)

■ 개요

Google의 T5는 모든 자연어 처리 작업을 텍스트-투-텍스트 문제로 변환하여 해결하는 모델입니다.

■ 특징

T5는 입력과 출력을 모두 텍스트로 처리하여, 다양한 자연어 처리 작업에 유연하게 적용할 수 있습니다.

■ 사용 사례

텍스트 요약, 번역, 문서 분류.

7. CLIP(Contrastive Language-Image Pre-training)

■ 개요

OpenAI의 CLIP은 텍스트와 이미지 사이의 관계를 이해하는 모델입니다.

■ 특징

CLIP은 다양한 이미지와 텍스트 쌍에서 학습하여, 이미지를 설명하는 텍스트를 이해하고, 반대로 텍스트에 해당하는 이미지를 찾을 수 있습니다.

■ 사용 사례

이미지 분류, 이미지 검색, 이미지 캡셔닝.

8. CycleGAN

■ 개요

CycleGAN은 한 도메인의 이미지를 다른 도메인의 이미지로 변환할 수 있는 GAN 모델입니다.

■ 특징

페어링되지 않은 이미지 간의 스타일 변환을 가능하게 하며, 양방향 변환도 지원합니다.

■ 사용 사례

사진 스타일 변환, 시즌 변환(여름 사진을 겨울로 변환), 얼굴 표정 변환.

9. WaveNet

■ 개요

Google DeepMind의 WaveNet은 원시 오디오 파형을 직접 생성하여 고품질의 음성을 합성할 수 있는 모델입니다.

■ 특징

WaveNet은 매우 현실적이고 자연스러운 음성 합성이 가능하며, 다양한 언어와 목소리를 모델링할 수 있습니다.

■ 사용 사례

음성 합성, 가상 비서, 오디오북 생성.

10. Transformer-XL

■ 개요

Transformer-XL은 장기적인 의존성을 모델링할 수 있는 개선된 트랜스포머 모델입니다.

■ 특징

이 모델은 텍스트의 긴 시퀀스를 처리할 때 이전에 비해 훨씬 더 좋은 성능을 보이며, 문맥을 더 잘 이해할 수 있습니다.

■ 사용 사례

긴 문서의 이해와 생성, 텍스트 기반 게임, 상세한 문서 요약.

이러한 모델들은 AI 분야에서 중요한 발전을 이루고 있으며, 각각의 특성과 사용 사례를 통해 생성형 AI의 놀라운 가능성을 엿볼 수 있습니다. AI 기술의 발전으로, 이제 우리는 기계가 인간의 창의성을 모방하고, 때로는 그것을 뛰어넘는 콘텐츠를 생성하는 시대에 살고 있습니다.

CONTENTS

## CHAPTER 1

파이썬 및 GPT-4 소개

CONTENTS

1.1 파이썬의 역사

파이썬의 역사는 파이썬이 처음 개발된 1980년대 말부터 오늘날에 이르기까지, 컴퓨터 과학과 프로그래밍 분야에서 중요한 역할을 해온 언어의 발전 과정을 다룹니다.

■ 파이썬의 탄생과 초기 개발 (1980년대 말 – 1990년대 초)

파이썬의 창시자로 네덜란드의 프로그래머인 가이도 반 로섬(Guido van Rossum)에 의하여 개발되었으며, 크리스마스 휴가 동안에, ABC 프로그래밍 언어에 영감을 받아 개발되었습니다. 1991년 파이썬 0.9.0버전이 처음 공개되었으며, 이 초기 버전에는 함수, 모듈 등의 기능이 포함되어 있었습니다.

■ 파이썬 Version 2.x (2000년대 초)

2000년에 파이썬 2.0이 출시되었으며, 이 버전에서는 메모리 수집기(garbage collector) 및 유니코드 지원 등의 중요한 기능이 추가되었습니다. 또한, 이 시기에 파이썬 개발자 커뮤니티가 크게 확장되었으며, 파이썬 소프트웨어 재단이 설립되었습니다.

■ 파이썬 Version 3.x (2000년대 중반 – 현재)

2008년에 파이썬 3.0이 출시되었으며, 이 버전은 파이썬 2.x와의 호환성을 일부 포기하고, 파이썬 언어의 기본 구조를 개선하는 것을 목표로 출시 되었습니다. 주요 변경 사항으로는 문자열과 바이너리 데이터 타입 분리, 표준 라이브러리의 재구성, 인쇄 문법의 변경이 있었습니다. 이후 파이썬은 지속적으로 업데이트 되고 있으며, 현재까지도 새로운 기능과 개선 사항이 추가되고 있습니다.

■ 파이썬 활용 분야

웹 개발, 데이터 과학, 인공 지능, 네트워킹 등 다양한 분야에서 널리 사용되고 있으며, 직관적인 문법과 읽기 쉬운 코드 스타일로 인하여 프로그래밍 교육에 많이 활용되고 있습니다.

■ 파이썬의 미래

파이썬은 지속적으로 성장하는 커뮤니티와 함께 발전하고 있으며, 현재도 가장 인기 있는 프로그래밍 언어 중 하나로 자리잡고 있습니다. 특히, 머신러닝, 데이터 분석, 인공지능 분야에서 파이썬의 사용이 증가하고 있으며, 이러한 트렌드는 미래에도 지속될 것으로 예상됩니다.

파이썬의 역사는 파이썬이 단순한 프로그래밍 언어의 수준을 넘어서 커뮤니티, 혁신, 그리고 교육적 영향력을 갖는 중요한 현상으로 발전하고 있는 단면을 보여줍니다.

1.2 파이썬의 특징 및 활용분야

파이썬은 다양한 특징 및 광범위한 활용분야 때문에 전 세계적으로 널리 사용되는 프로그래밍 언어입니다. 주요 특징 및 활용분야는 다음과 같습니다.

1 쉬운 문법

- **직관적이고 읽기 쉬움**: 파이썬의 문법은 명확하고 간결하여, 코드가 읽기 쉽고 이해하기 쉽습니다. 이는 프로그래밍 초보자에게 특히 유용합니다.
- **가독성**: 파이썬은 가독성을 중시하는 언어 설계 철학을 가지고 있으며, 이는 코드의 유지 관리와 협업을 용이하게 합니다.

2 다목적 언어

- **광범위한 활용**: 웹 개발, 데이터 분석, 인공 지능, 과학 계산, 자동화 스크립트 등 다양한 분야에 적용할 수 있습니다.
- **풍부한 라이브러리**: 표준 라이브러리와 외부 라이브러리가 풍부하여, 다양한 작업을 위한 도구와 프레임워크가 이미 구축되어 있습니다.

3 높은 수준의 프로그래밍 언어

- **메모리 관리**: 파이썬은 자동 메모리 관리와 가비지 컬렉션을 제공합니다. 이는 개발자가 메모리 관리에 신경 쓸 필요가 없게 해줍니다.
- **동적 타이핑**: 변수를 선언할 때 명시적으로 타입을 지정할 필요가 없으며, 런타임에 타입이 결정됩니다.

4 확장성 및 통합성

- **C 및 C++과의 통합**: 파이썬은 C나 C++로 작성된 코드와 쉽게 통합될 수 있으며, 성능이 중요한 부분에 대해서는 이러한 언어로 작성된 모듈을 사용할 수 있습니다.
- **다른 언어와의 호환성**: 파이썬은 Java, .NET, PHP 등 다른 프로그래밍 언어로 작성된 구성 요소와 호환될 수 있습니다.

5 포터블 및 플랫폼 독립적

- **다양한 운영 체제 지원**: 파이썬은 Windows, Linux, macOS 등 다양한 운영 체제에서 실행될 수 있으며, 대부분의 플랫폼에서 동일한 방식으로 작동합니다.

6 오픈 소스

- **무료 및 오픈 소스**: 파이썬은 오픈 소스 언어로, 무료로 사용할 수 있으며, 소스 코드에 대한 액세스가 가능합니다.
- **강력한 커뮤니티**: 전 세계적으로 활발한 개발자 커뮤니티가 있어 지원, 문서, 오픈 소스 프로젝트, 튜토리얼 등이 풍부합니다.

7 임베디드 스크립팅 언어

- **응용 프로그램 내 스크립팅**: 파이썬은 다양한 응용 프로그램 내에서 스크립팅 언어로 사용될 수 있습니다. 예를 들어, 3D 소프트웨어, 게임 엔진 등에서 자주 사용됩니다.

이러한 특징들은 파이썬을 매우 유연하고 강력한 프로그래밍 언어로 만들며, 다양한 프로그래밍 작업과 프로젝트에 이상적인 선택이 됩니다.

1.3 GPT모델의 역사

GPT(Generative Pretrained Transformer) 모델의 역사는 인공 지능 및 자연어 처리 분야에서 중요한 진전을 대표합니다. 이 모델은 OpenAI에 의해 개발되었으며, 몇 가지 주요 단계를 거쳐 진화했습니다.

1 GPT의 탄생: Transformer 모델 (2017년)

- Transformer 모델의 등장: GPT 시리즈의 기반이 되는 Transformer 모델은 2017년 Google의 연구원들에 의해 처음 소개되었습니다. 이 모델은 'attention' 메커니즘을 통해 이전에는 불가능했던 수준의 문맥 이해와 텍스트 생성 능력을 보여주었습니다.

2 GPT-1 (2018년)

- 첫 번째 GPT 모델: 2018년에 OpenAI는 GPT-1을 발표했습니다. 이 모델은 대규모 데이터셋을 사용하여 사전 학습(pretraining)되었으며, 자연어 이해 및 생성에 있어 놀라운 성능을 보였습니다.
- Unsupervised Learning: GPT-1은 비지도 학습 방식으로 학습되었으며, 이는 대량의 텍스트 데이터에서 문맥과 언어 구조를 학습할 수 있음을 보여주었습니다.

3 GPT-2 (2019년)

- GPT-2의 출시: 2019년에 GPT-2가 출시되었습니다. 이 모델은 GPT-1보다 훨씬 큰 데이터셋으로 학습되었고, 1.5 억 개의 파라미터를 가졌습니다.
- 향상된 성능: GPT-2는 문맥 이해, 텍스트 생성, 그리고 일반적인 언어 처리 능력에서 획기적인 개선을 보였습니다.

- **발표와 함께한 논란:** GPT-2의 능력은 너무나 진보적이어서 처음에는 이 모델의 완전한 버전이 공개되지 않았습니다. OpenAI는 이 기술이 악용될 가능성을 우려하여 점진적으로 출시하기로 결정했습니다.

4 GPT-3 (2020년)

- **GPT-3의 등장:** 2020년에 GPT-3이 발표되었습니다. 이 모델은 약 1750억 개의 파라미터를 가지고 있으며, 이는 이전 모델들보다 훨씬 큰 규모입니다.
- **API 서비스:** OpenAI는 GPT-3를 API 서비스로 제공하기 시작했습니다. 이는 다양한 응용 프로그램과 서비스에서 GPT-3의 능력을 활용할 수 있는 길을 열었습니다.
- **능력의 확장:** GPT-3는 더욱 정교한 텍스트 생성, 문맥 이해, 언어 번역, 그리고 심지어 프로그래밍 코드 생성과 같은 복잡한 작업을 수행할 수 있는 능력을 보여주었습니다.

5 GPT-3.5 (2022년3월)

GPT-3.5는 OpenAI에 의해 개발된 GPT-3의 확장 버전입니다. 공개된 모델의 파라미터 수는 1,750억개로 GPT-3와 파라미터 수가 동일하지만, GPT-3의 능력을 기반으로 하면서 여러 가지 개선 사항을 포함하고 있습니다. GPT-3.5의 주요 특징과 개선점은 다음과 같습니다.

① 더욱 정교한 언어 이해 및 생성
- **개선된 텍스트 이해:** GPT-3.5는 이전 버전보다 더욱 정교한 언어 이해 능력을 갖추고 있습니다. 이는 복잡한 문맥, 미묘한 언어적 뉘앙스를 더 잘 파악할 수 있음을 의미합니다.
- **자연스러운 대화 생성:** 대화형 애플리케이션에서 더욱 자연스러운 대화를 생성할 수 있으며, 사용자의 질문이나 요구에 대해 더욱 정확하고 유용한 답변을 제공할 수 있습니다.

② 개선된 학습 및 추론 능력

- **향상된 학습 메커니즘**: GPT-3.5는 기존 GPT-3 모델보다 더욱 효과적인 학습 메커니즘을 갖추고 있어, 다양한 유형의 텍스트 데이터로부터 더욱 풍부한 정보를 추출하고 학습할 수 있습니다.
- **높은 수준의 추론 능력**: 복잡한 문제 해결, 논리적 추론, 창의적인 아이디어 생성 등의 분야에서 더욱 발전된 성능을 보입니다.

③ 다양한 응용 분야에서의 활용성

- **다양한 분야의 적용**: GPT-3.5는 글쓰기 보조, 챗봇, 번역, 코드 작성 등 다양한 분야에서 효과적으로 활용될 수 있습니다.
- **사용자 맞춤형 애플리케이션 개발**: 이 모델을 활용하여 개발자들은 사용자의 특정 요구에 맞춘 맞춤형 애플리케이션을 개발할 수 있습니다.

6 GPT-4 (2023년3월)

GPT-4, 또는 Generative Pre-trained Transformer 4는 OpenAI에 의해 개발된 최신 인공 지능 언어 모델입니다. GPT-3의 후속작으로, 더욱 향상된 언어 이해 및 생성 능력을 갖추고 있습니다. 그러나, 오픈AI가 정보를 거의 공개하지 않았기 때문에 이 새로운 모델의 아키텍처에 관해서는 정확히 알려진 바는 없습니다.

이에 따라 GPT-4는 모델의 파라미터 개수를 알 수 없습니다. GPT-4의 주요 특징과 개선점은 다음과 같습니다.

① 대규모의 파라미터

- **대규모 모델**: GPT-4는 이전 버전인 GPT-3보다 더 많은 파라미터를 갖고 있는 걸로 예측 됩니다. 이는 모델이 더욱 복잡한 언어 패턴을 학습하고 이해할 수 있음을 의미합니다.
- **향상된 문맥 이해**: 더 많은 파라미터로 인해 GPT-4는 더 긴 문맥을 기억하고, 더 정확한 언어 이해와 생성이 가능합니다.

② 개선된 학습 알고리즘

- 정교한 학습 방법: GPT-4는 개선된 학습 방법을 통해, 더욱 다양하고 깊이 있는 데이터로부터 학습합니다.
- 더 나은 추론 능력: 이로 인해, 모델은 더 복잡한 추론, 더 정확한 정보 처리 및 더 창의적인 텍스트 생성이 가능해졌습니다.

③ 다양한 언어 지원

- 다국어 능력: GPT-4는 다양한 언어에 대한 이해와 생성 능력이 향상되었습니다. 이는 모델을 국제적으로 더 널리 활용할 수 있게 만듭니다.

④ 더욱 강화된 응용 분야

- 광범위한 활용 가능성: GPT-4는 글쓰기 보조, 고급 챗봇, 내용 생성, 코드 작성, 데이터 분석 등 다양한 분야에서 활용될 수 있습니다.
- 사용자 맞춤형 솔루션: 개발자들은 GPT-4를 사용하여 사용자의 특정 요구에 더욱 잘 맞는 맞춤형 애플리케이션을 개발할 수 있습니다.

⑤ 윤리적 및 사회적 책임

- 책임 있는 사용: GPT-4의 강력한 능력은 윤리적 사용, 데이터의 편향성 감소, 오용 방지와 같은 문제에 대한 지속적인 관심을 필요로 합니다.
- 사회적 영향: 이러한 고급 모델의 출현은 교육, 직업, 정보 접근성 등 사회의 여러 분야에 긍정적이면서도 복잡한 영향을 미칠 수 있습니다.

GPT-4는 인공 지능 및 자연어 처리 분야에서의 중요한 진전을 대표하며, 이 기술의 지속적인 발전이 우리의 삶과 산업에 미치는 영향에 대한 폭넓은 이해와 책임 있는 활용이 필요합니다.

7 후속 발전과 미래

- 지속적인 발전: GPT-4 이후에도 OpenAI와 다른 연구 기관들은 더욱 발전된 자연어 처리 모델을 개발하기 위해 연구를 계속하고 있습니다.

- 윤리적, 사회적 고려사항: GPT와 같은 강력한 AI 모델의 발전은 윤리적, 사회적 질문을 세기합니다. 예를 들어, 오용 가능성, 편향, 프라이버시 문제 등이 있습니다.

GPT 시리즈의 발전은 인공 지능 분야에서 중요한 이정표를 나타내며, 이러한 기술의 발전이 앞으로 어떻게 우리의 삶과 상호작용할지에 대한 흥미로운 가능성을 열어줍니다.

1.4 LLM Use Case 및 주요 서비스 영역

Large Language Models (LLM), 예를 들어 OpenAI의 GPT 시리즈와 같은 모델은 다양한 분야에서 활용되고 있습니다. 이러한 모델들은 자연어 처리(NLP) 능력이 매우 뛰어나며, 이를 통해 여러 가지 복잡한 작업을 수행할 수 있습니다. LLM의 몇 가지 주요 사용 사례는 다음과 같습니다.

1 자동 텍스트 생성

LLM은 기사, 이야기, 시나리오, 코드 등 다양한 형태의 텍스트를 생성할 수 있습니다. 이를 통해 콘텐츠 생성자들은 아이디어를 신속하게 확장하고, 창의적인 쓰기 과정에 도움을 받을 수 있습니다.

2 챗봇 및 고객 서비스

LLM은 고객 서비스 및 지원을 위한 챗봇에서 널리 사용됩니다. 이러한 모델은 사용자 질문에 대해 자연스러운 대화식 응답을 생성할 수 있으며, 고객 문의에 신속하고 효과적으로 대응하는 데 사용됩니다.

3 기계 번역

LLM은 한 언어에서 다른 언어로 텍스트를 번역하는 데 사용됩니다. 이는 기존의 기계 번역 시스템보다 더 자연스러운 문맥 이해와 번역을 가능하게 합니다.

4 자연어 이해 및 요약

LLM은 복잡한 문서를 이해하고 중요한 정보를 추출하여 요약하는 데 사용됩니다. 이는 법률, 의료, 연구 문서 등 다양한 분야에서 유용합니다.

5 교육 및 학습 지원

LLM은 학습 자료의 생성, 학생들의 질문에 대한 답변 제공, 언어 학습 도구 등 교육 분야에서도 사용됩니다.

6 코드 생성 및 디버깅

프로그래밍 언어에 대한 이해를 바탕으로, LLM은 코드 생성, 버그 수정, 코드 최적화 등의 작업에 사용될 수 있습니다.

7 창의적 작업

시나리오 작성, 소설 창작, 시 구성 등 창의적인 글쓰기 분야에서도 LLM은 유용한 도구로 활용됩니다.

8 데이터 분석 및 인사이트 생성

대규모 데이터 세트에서 트렌드와 패턴을 분석하고, 이를 바탕으로 인사이트를 제공하는 데 LLM을 사용할 수 있습니다.

이러한 사용 사례들은 LLM의 강력한 언어 이해 및 생성 능력을 활용한 예시들입니다. 이러한 모델의 발전으로 인해, 향후 다양한 분야에서 더욱 혁신적인 사용 사례들이 나타날 것으로 예상됩니다.

1.5 산업별 LLM 활용 사례

1 금융분야 모건스탠리 사례

GPT-4는 금융 분야에서 매우 다양하게 활용되고 있습니다. 이는 투자 상품 데이터 분석을 통해 포트폴리오의 월별 평균 수익률, 변동성, 연간 샤프 비율 등을 계산하는 데 사용되며, 이를 통해 GPT-4 기반 포트폴리오가 벤치마크 포트폴리오와 비교하여 우수한 위험-수익 프로파일을 제공할 수 있음을 보여줍니다. 또한, 은행, 보험, 리스 분야에서 GPT-4는 개인화된 재정 조언, 사기 탐지, 고객 서비스 개선, 지능형 언더라이팅, 청구 처리 자동화, 맞춤형 마케팅 전략 개발 등에 활용되어 의사 결정을 개선하고 고객 경험을 혁신하는 데 기여하고 있습니다.

금융 거래 데이터를 분석하여 사기 활동을 탐지하고 금융 손실을 방지하는 데 GPT-4의 활용도 주목받고 있습니다. 이와 더불어, GPT-4는 고객 서비스 분야에서 개인화된 금융 권장 사항 및 지원을 제공하여 고객의 재정 결정 개선과 전반적인 경험을 향상시킬 수 있습니다.

금융 보고서의 핵심 정보를 추출하고 요약하여 전문가들이 의사 결정을 위해 빠르고 쉽게 접근하고 활용할 수 있도록 지원하는 것도 GPT-4의 중요한 활용 사례 중 하나입니다.

이러한 사례들은 GPT-4가 금융 분야에서 재정 조언, 사기 탐지, 고객 서비스 개선 등 다양한 측면에서 효과적으로 활용될 수 있는 잠재력을 보여줍니다.

2 법률분야 LLM 활용 사례

법률 분야에서 GPT-4 및 기타 대형 언어 모델(LLM)의 활용이 증가하고 있습니다. 주목할만한 예로, Casetext는 GPT-4를 CoCounsel 플랫폼에 통합하여 변호사들이 문서 검토, 법률 연구 메모, 증언 준비, 계약 분석 등의 작업을 지원하고 있습니다. Casetext의 GPT-4 사용 사례는 AI가 법률 서비스의 효율성과 접근성을 개선하는 데 어떻게 기여할 수 있는지 보여줍니다.

또 다른 법률 회사인 Sidley Austin은 법률 기술 회사 Relativity와 협력하여 GPT-4

를 사용한 문서 코딩 실험을 진행하였습니다. 이 실험은 반부패법 사건과 관련된 1,500개 문서를 GPT-4로 검토하는 것을 포함했으며, GPT-4가 법률 문서 검토에 적용될 때의 장점과 한계를 탐색했습니다. 실험은 GPT-4가 품질 관리 과정을 간소화하고 효율성을 향상시킬 수 있는 잠재력을 보여주었지만, 법률 작업에서 AI를 사용할 때 인간의 감독이 여전히 중요함을 강조했습니다.

이러한 사례들은 법률 업계에서 AI 기술, 특히 GPT-4의 통합에 대한 관심이 증가하고 있음을 반영합니다. GPT-4는 전자 발견(e-discovery), 법률 연구, 문서 분석 방법을 변화시킬 잠재력을 가지고 있지만, AI 생성 콘텐츠의 정확성과 보안을 보장하고 개인정보 보호 및 고객 기밀성 문제를 해결하는 데 있어 도전과 한계가 있습니다.

AI 기술이 계속 발전함에 따라 더 많은 법률 회사들이 이러한 도구를 실험하고 채택할 것으로 예상되지만, AI와 인간 전문성을 균형 있게 통합하는 것이 이 기술의 전체 잠재력을 실현하는 데 중요합니다.

3 의료분야 LLM 활용 사례

GPT-4와 같은 대규모 언어 모델은 의료 분야에서 다양한 연구와 응용을 통해 활용되고 있습니다. 의료 분야에서의 GPT-4 활용 사례는 몇 가지 중요한 연구와 특징들을 통해 파악할 수 있습니다.

의료 연구 및 질문 생성: GPT-4는 의학 분야에서 중요한 연구 질문을 도출하는 데 사용될 수 있습니다. 특히, 소화기내과와 같은 분야에서 중요한 연구 우선순위를 식별하는 데 도움을 줄 수 있습니다. 연구 결과, GPT-4는 관련성이 있고 명확한 연구 질문을 생성하는 능력을 보였으며, 전문가 패널이 평가한 평균 점수는 비교적 높았습니다.

진단 및 환자 치료: GPT-4는 질병 진단 및 환자 치료에 관한 정보를 제공하는 데 사용될 수 있습니다. 예를 들어, 의학 시험 문제에 대한 답변, 증례보고의 감별진단 및 치료 방법 제시 등에서 일정 수준의 성공을 보였지만, 정확도와 완결성에 있어서 아직 개선의 여지가 있습니다. 실제 임상 현장에서의 적용에서는 한계가 있을

수 있으며, 최신 정보에 대한 훈련이 부족한 것으로 추정됩니다.

- 의료 문서 작성 및 개선: GPT-4는 의료 문서 작성, 번역, 영문 교육, 말 바꿔쓰기, 요약 등의 작업에서 유용하게 활용될 수 있습니다. 이러한 작업에서 GPT-4는 용어를 정의하고 과거 지식을 요약하는 데 탁월한 능력을 보입니다.
- 의료 분야의 실질적 응용: GPT-4는 의료 분야에서도 활용 가능성을 보이고 있지만, 여전히 인간 전문가의 감독과 규제가 필요합니다. GPT-4의 응답 중 약 60%가 인간 전문가 의견과 일치하지 않거나 도움이 되지 않는 것으로 나타났으며, 응답의 90% 이상이 안전한 것으로 간주되었지만 정확성은 여전히 개선 필요성이 높은 부분입니다.
- 임상 실무 지원 및 의약품 연구: GPT-4는 과학 글쓰기, 공중보건 주제에 대한 추론 등에서 의료 분야에 대한 문헌 탐색과 새 연구 가설 수립, 복잡한 데이터 처리에 유용할 수 있다고 평가됩니다. 하지만 고급 내시경 등 특정 의료 분야에서의 참신성은 개선이 필요하다는 지적도 있습니다.

이러한 연구와 사례들을 통해 볼 때, GPT-4와 같은 언어 모델이 의료 분야에서 다양한 방법으로 활용될 수 있는 가능성이 있으나, 아직 의사들의 감독 없이 독립적으로 사용되기에는 한계가 있음을 보여줍니다.

④ 교육분야 LLM 활용 사례

GPT-4는 교육 분야에서 다양한 혁신적인 용도로 사용되고 있습니다. 특히 개인화된 학습에서 큰 변화를 가져올 수 있습니다. GPT-4는 학생들의 학습 데이터를 분석하여 맞춤형 수업과 자료를 제공할 수 있습니다. 예를 들어, 학생의 학습 선호도와 능력에 기반하여 개인화된 퀴즈나 독서 자료를 생성할 수 있습니다.

교사들에게도 GPT-4는 유용한 도구가 될 수 있습니다. 자동 에세이 채점을 도와 시간을 절약하고 학생들에게 빠른 피드백을 제공할 수 있습니다. 또한 교육 과정 자료와 수업 계획을 생성하는데 도움을 줄 수 있으며, GPT-4의 다국어 능력은 언어 학습 응용 프로그램에도 활용될 수 있습니다.

GPT-4는 개인화된 학습과 교사 지원을 넘어서 가상 튜터로서 학생들에게 개인화된 지원과 피드백을 제공할 수 있습니다. 학생들의 질문에 답하거나 과제에 대한 피드백을 제공할 수 있습니다. GPT-4가 교과서와 다른 교육 자료를 생성하는 데에도 사용될 수 있는 가능성이 있습니다. 특정 주제에 대한 훈련을 받아 학생들과 교사들의 필요에 맞는 내용을 생성할 수 있습니다.

그러나 이러한 고급 AI 기술을 교육에 통합함에 있어 윤리적인 문제를 고려하는 것이 중요합니다. GPT-4가 설득력 있는 가짜 뉴스를 생성하거나 개인을 가장하는 데 사용될 수 있는 가능성에 대한 우려가 있습니다.

미국과 유럽의 주요 대학에서 GPT-4의 구체적인 사용 예는 제공되지 않았지만, 그것의 광범위한 응용은 교육 분야에서 학습 경험과 교수 방법론을 변화시키는 데 큰 영향을 미칠 것으로 보입니다.

⑤ 프로그램 코딩분야 LLM 활용 사례

GPT-4는 프로그래밍 및 코딩 분야에서 다양한 혁신적인 방식으로 활용되고 있습니다. 이러한 활용 사례에는 아래와 같은 내용들이 포함됩니다.

- **앱 개발**: 개발자들은 GPT-4의 고급 자연어 처리 능력을 활용하여 AI 기반의 애플리케이션을 개발하고 있습니다. 이 과정에는 아이디어 생성, 디자인, 개발 및 앱 최적화가 포함됩니다. GPT-4는 사용자 입력을 이해하고 반응하며, 개인화된 추천을 제공하고 인간과 같은 반응을 생성하는 데 필요한 기능을 제공합니다.
- **코드 리뷰 및 개선**: GPT-4는 문서 및 코드 검토에 사용됩니다. 이는 잠재적인 문제를 식별하고, 개선 사항을 제안하며, 혼란스러운 부분을 주석 처리하고 명확하게 하는 데 도움이 됩니다.
- **데이터 주석 처리**: GPT-4는 머신 러닝 모델을 위한 데이터 준비에서 중요한 단계인 데이터 주석 처리에도 사용됩니다. 이 과정을 자동화함으로써 회사들은 상당한 시간과 자원을 절약할 수 있습니다.
- **언어 번역**: GPT-4는 TypeScript에서 Python으로의 코드 변환과 같은 언어 간의 변환에서 효율성을 보여줍니다. 이러한 효율성은 GPT-4의 언어 숙련도 덕분에

프로젝트에서 시간을 절약할 수 있게 해줍니다.

이러한 다양한 사례들을 통해 GPT-4가 프로그래밍과 코딩 분야에서 큰 잠재력을 가지고 있음을 알 수 있습니다. GPT-4는 단순히 코드를 생성하는 것을 넘어서 사용자의 의도를 이해하고, 문제를 해결하는 데 도움을 주며, 효율적인 작업 흐름을 지원하는 도구로 자리 잡아가고 있습니다. 본 교재는 학생 또는 프로그래머들께서 프로그램의 생산성을 높일 수 있는 방법을 익히고 경험하는데, 조금이나마 도움이 되고자 하는 목적으로 집필된 교재입니다.

파이썬에 관한 연습문제

1. `객관식` 파이썬의 창시자는 누구인가요?

     ① 리누스 토발즈   ② 제임스 고슬링

     ③ 가이도 반 로섬   ④ 마크 주커버그

2. `단답형` 파이썬이 처음 개발된 시기는 언제인가요?

3. `참/거짓` 파이썬 2.0은 유니코드 지원을 추가하지 않았다. (참/거짓)

4. `객관식` 파이썬 3.0의 주요 변경 사항으로는 무엇이 있나요?

     ① 메모리 자동 관리   ② 문자열과 바이너리 데이터 타입 분리
     ③ 다중 상속 지원   ④ 가비지 컬렉션 개선

5. `단답형` 파이썬이 널리 사용되는 분야 두 가지를 나열하세요.

GPT 모델에 관한 연습문제

6. `객관식` GPT 시리즈의 기반이 되는 Transformer 모델은 어느 회사에서 처음 소개되었나요?

     ① Google   ② Apple
     ③ Facebook   ④ OpenAI

7. `단답형` GPT-2 모델에 대한 논란의 주요 원인은 무엇이었나요?

8. `참/거짓` GPT-3는 GPT-2보다 적은 수의 파라미터를 가지고 있다. (참/거짓)

9. `객관식` GPT-4의 개선점 중 하나가 아닌 것은 무엇인가요?

     ① 대규모의 파라미터   ② 개선된 학습 알고리즘
     ③ 단일 언어만 지원   ④ 다양한 언어 지원

10. `단답형` GPT 모델의 윤리적, 사회적 고려사항 중 하나를 언급하세요.

CHAPTER 2

환경 설정 및 설치

CONTENTS

2.1 파이썬 설치

Google에서 Python 입력

Python.org에서 Downloads Tab Click & Download for Windows

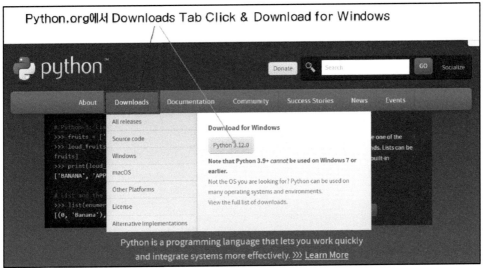

Python Download

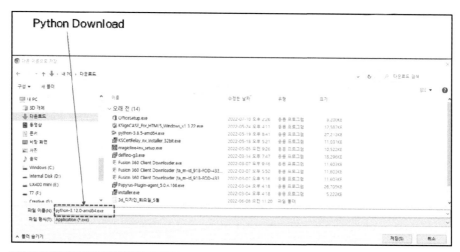

Check (Add python.exe to PATH) , Customize installation 실행

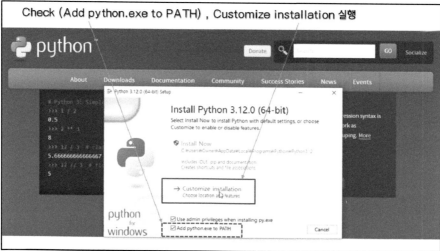

본 화면은 Pass

Location 을 C:₩Python312로 변경

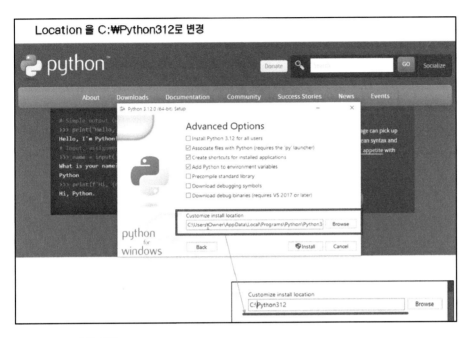

Python 설치 완료

2.2 Visual Studio Code 설치

Google에서 visual studio code 입력

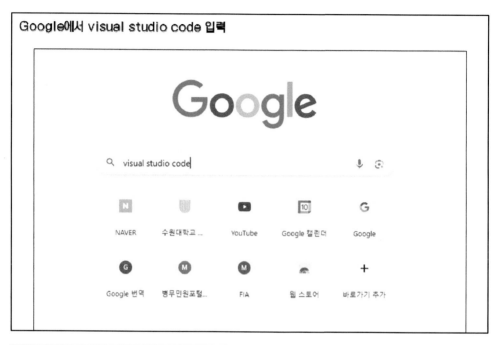

맨 위에 나오는 Visual Studio Code 클릭

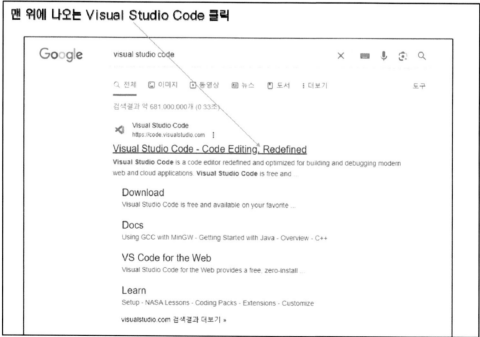

Download for Windows 눌러서 최신 버전 설치

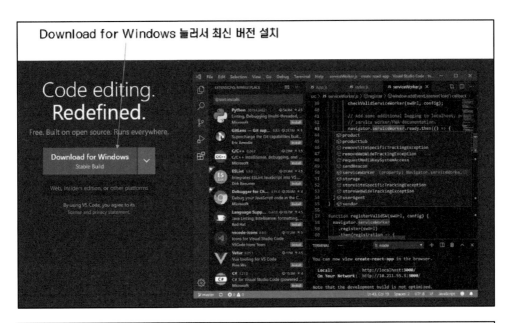

Python Extension 설치
설치를 완료하고 실행하면 아래와 같은 화면이 나오는데, 왼쪽에 블록 같이 생긴 아이콘인 extension 을 클릭

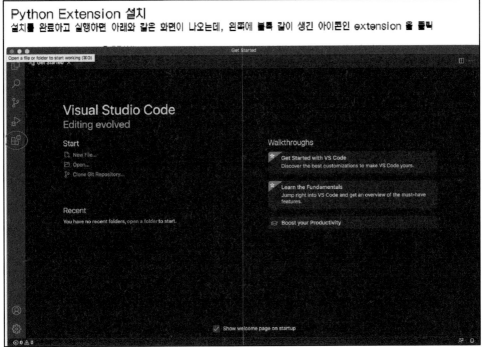

extenstion 버튼을 누르면 아래 이미지처럼 extension 리스트가 나오는데, 리스트 윗쪽 검색창에서 python을 검색후 설치함

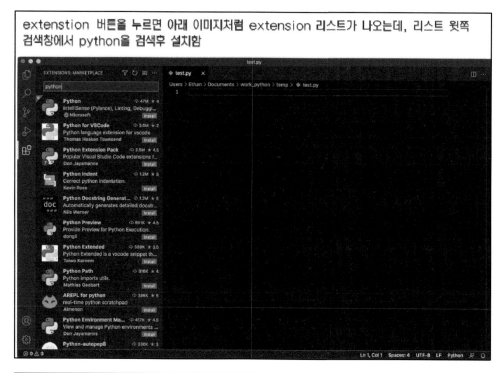

File Open Folder를 통하여 기존의 파이썬 코드를 연결함

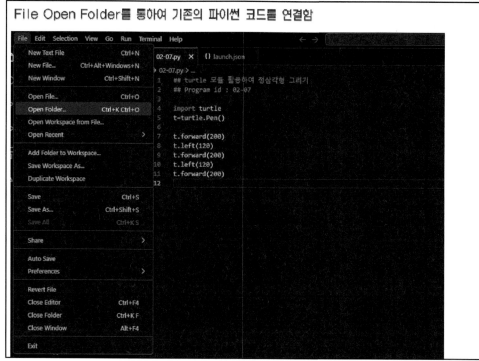

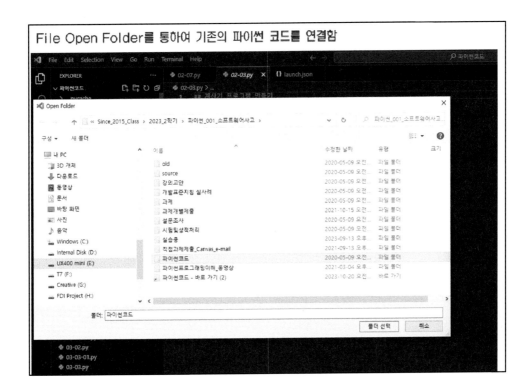

2.3 GPT-4 가입 절차

1 OpenAI 웹사이트 방문

- OpenAI의 공식 웹사이트(openai.com)에 방문합니다.
- 웹사이트에서는 GPT-4에 대한 정보, 기능, 사용 사례 등을 찾아볼 수 있습니다.

2 계정 생성 및 로그인

- OpenAI 웹사이트에서 계정을 생성하고 로그인합니다.
- 이메일 주소, 비밀번호, 필요한 경우 추가 정보를 제공하여 계정을 생성합니다.

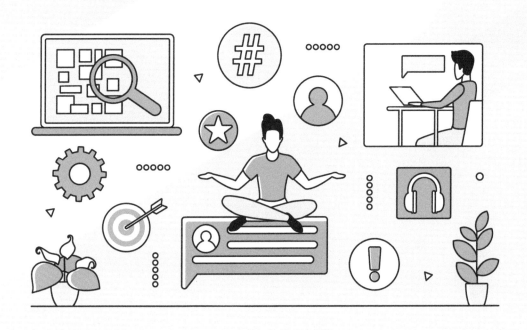

CHAPTER 3

파이썬 기본 문법과 개념

CONTENTS

3.1 파이썬의 변수와 자료형

1 변수란 무엇인가?

변수는 데이터를 저장하는 공간입니다. 파이썬에서는 변수에 데이터를 할당(저장)할 때 특별한 선언이 필요 없습니다.

• 예제: number = 10 (여기서 number는 변수명이며, 10이라는 값이 저장됩니다.)

2 파이썬의 기본 자료형_숫자형

• 숫자형: 정수, 실수 등을 포함합니다.

• 예제: age = 20 (정수), temperature = 36.5 (실수)

■ 실행 결과

아래와 같이 실행결과가 나오도록 프로그램을 작성해 보세요
Tip : float() 명령 활용

```
★    섭씨를 화씨로 변환애주는 프로그램 만들기    ★
★ 섭씨 화씨 변환 공식 : ((9/5) ★ 섭씨온도) + 32 ★

변환하기 원하는 섭씨온도를 입력하세요 : 37.5
섭씨온도 :  37.5
화씨온도 :   99.50
```

사용자
입력값

■ 프로그램 소스 코드

```
print("★   섭씨를 화씨로 변환애주는 프로그램 만들기    ★")
print("★ 섭씨 화씨 변환 공식 : ((9/5) ★ 섭씨온도) + 32 ★ ₩n")

a=float(input("변환하기 원하는 섭씨온도를 입력하세요 : "))
fahrenheit = ((9/5) ★ a) +32

print("섭씨온도 : ", a)
print("화씨온도 : ", "%5.2f" % fahrenheit)
```

■ GPT-4와 프롬프트 엔지니어링을 활용한 프로그램 실습

"프롬프트 엔지니어링(Prompt Engineering)"은 인공 지능(AI) 모델, 특히 자연어 처리 모델에게 효과적으로 정보를 전달하고 원하는 결과를 얻기 위해 사용되는 기법입니다. 이는 AI 모델에게 특정한 지시나 질문을 하는 방법을 최적화하는 과정을 포함합니다. 예를 들어, GPT-4와 같은 대형 언어 모델을 사용할 때, 사용자의 목표에 따라 프롬프트(즉, 질문이나 요청)를 구성하는 방법을 고려하는 것이 중요합니다.

프롬프트 엔지니어링의 핵심 요소는 다음과 같습니다.

· 정확성: 모델이 요구하는 정보를 정확하게 이해할 수 있도록 명확하고 구체적인 질문이나 지시를 포함합니다.
· 문맥 설정: AI 모델이 질문의 맥락을 이해할 수 있도록 필요한 배경 정보나 상황 설명을 제공합니다.
· 창의성: 다양한 방식으로 질문을 재구성하거나 다른 관점에서 접근하여 AI의 응답을 최적화합니다.
· 결과 해석: AI가 제공한 응답을 분석하고, 필요한 경우 추가 질문이나 구체화를 통해 정보를 더욱 정확하게 얻습니다.

프롬프트 엔지니어링은 AI 모델의 성능을 최대화하고, 보다 정확하고 유용한 결과를 얻기 위해 중요한 역할을 합니다. AI 기술이 발전함에 따라, 이러한 기술은 더욱 중요해지고 있습니다.

■ GPT-4를 활용한 섭씨 화씨 변환 프로그램 질의 프롬프트와 결과 사례

 You
섭씨를 화씨로 변환하는 파이썬 프로그램을 작성해 주세요

 ChatGPT
섭씨 0도를 화씨로 변환한 결과는 32도 입니다.

파이썬 프로그램을 사용하여 섭씨 온도를 화씨로 변환하는 방법은 다음과 같습니다:

```python
# 섭씨(Celsius)를 화씨(Fahrenheit)로 변환하는 함수를 정의합니다.
def convert_celsius_to_fahrenheit(celsius):
    return (celsius * 9/5) + 32

# 예시로 0도 섭씨를 화씨로 변환해 봅니다.
celsius_temperature = 0
fahrenheit_temperature = convert_celsius_to_fahrenheit(celsius_temperat

print(fahrenheit_temperature)
```

이 함수에 다른 섭씨 온도 값을 전달하여 화씨로 변환할 수 있습니다. [>-]

■ 프로그램 코딩 및 실행 실습

```
##  Program id: GPT_PY_03-01                ##
## 섭씨를 화씨로 변환하는 프로그램             ##

# 섭씨(Celsius)를 화씨(Fahrenheit)로 변환하는 함수를 정의합니다.
def convert_celsius_to_fahrenheit(celsius):
    return (celsius * 9/5) + 32

# 예시로 0도 섭씨를 화씨로 변환해 봅니다.
celsius_temperature = 0
fahrenheit_temperature = convert_celsius_to_fahrenheit(celsius_temperature)

print(fahrenheit_temperature)
```

■ GPT-4를 활용한 섭씨 화씨 변환 프로그램 Upgrade

섭씨를 입력 받는 형태로 프롬프트를 상세화 하여 GPT-4에 추가 요청함.

■ GPT-4를 활용한 섭씨 화씨 변환 프로그램 질의 프롬프트와 결과 사례

■ 프로그램 코딩 및 실행 실습

```
##   Program id: GPT_PY_03-01              ##
## 섭씨를 화씨로 변환하는 프로그램           ##


# 섭씨(Celsius)를 화씨(Fahrenheit)로 변환하는 함수를 정의합니다.
def convert_celsius_to_fahrenheit(celsius):
    return (celsius * 9/5) + 32


# 사용자로부터 섭씨 온도를 입력받습니다.
celsius_input = float(input("섭씨 온도를 입력하세요: "))


# 섭씨를 화씨로 변환합니다.
fahrenheit_output = convert_celsius_to_fahrenheit(celsius_input)
# 변환된 화씨 온도를 출력합니다.
print(f"섭씨 {celsius_input}도는 화씨로 변환하면 {fahrenheit_output}도 입니다.")
```

3 파이썬의 기본 자료형_문자열

- 문자열: 문자의 집합입니다. 큰따옴표("") 또는 작은따옴표('')로 묶어서 표현합니다.
- 예제: `name = "Alice"` (문자열)

■ 문자열 예제

```
>>> ss="GPT-4"
>>> ss[0]
'G'
>>> ss[1:3]
'PT'
>>> ss[3:]
'-4'
```

■ 연결할 경우 더하기(+) 사용, 곱하기(*)는 문자열을 반복

```
>>> ss='GPT'+'Copilot'
>>> ss
'GPTCopilot'
>>> ss='GPT'*4
>>> ss
'GPTGPTGPTGPT'
>>>
```

■ 문자열의 길이 len( ) 함수

```
>>> ss='GPT1234'
>>> len(ss)
7
```

■ 문자열 프로그램 실습 1

문자열 프로그램 실습: for문을 사용하여 모든 글자 뒤에 @ 붙이기

```
## 각 글자 뒤에 @를 붙여서 출력하는 프로그램        ##
## Program id: GPT_PY_03-02                        ##
ss = '파이썬과GPT의 결합'
sslen = len(ss)
for i  in range(0 , sslen) :
    print(ss[i] + '@' , end='')
print("\n")
```

출력결과
```
RESTART:        E:/Since_2015_Class/2023_2학기/파이썬_001_소프트웨어사고/파이썬코드
/GPT_PY_Source Code/GPT_PY_03-02.py
파@이@썬@과@G@P@T@의@ @결@합@
```

■ GPT-4를 활용한 문자열 실습 프로그램 질의 프롬프트와 결과 사례

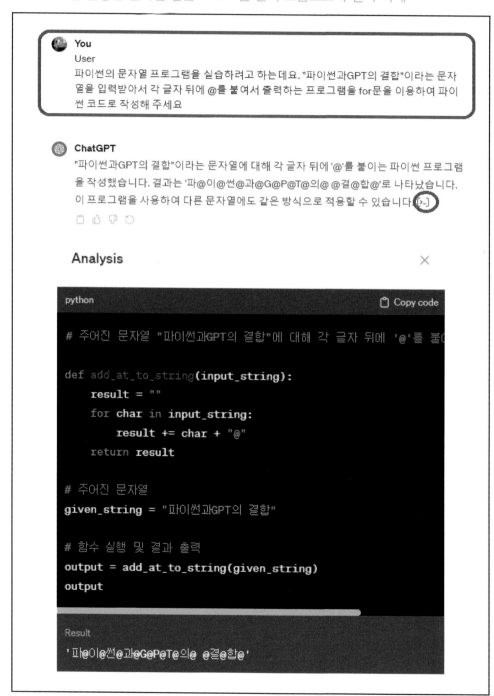

■ GPT 활용 결과 기반 프로그램 코딩 및 실행 실습

```
## 각 글자 뒤에 @를 붙여서 출력하는 프로그램 ##
## Program id: GPT_PY_03-02_from_GPT          ##


# 주어진 문자열 "파이썬과GPT의 결합"에 대해 각 글자 뒤에 '@'를 붙이는 파이썬 프로
그램

def add_at_to_string(input_string):
    result = ""
    for char in input_string:
        result += char + "@"
    return result


# 주어진 문자열
given_string = "파이썬과GPT의 결합"

# 함수 실행 및 결과 출력
output = add_at_to_string(given_string)

# <= GPT-4에서 제공한Source 부분의 Output을 print 문장으로 변경함
print(output)
```

■ GPT4 활용 프로그램 실습

[Source Code GPT_PY_03-02]를 수정해서 'GPT4를 활용한 파이썬프로그래밍 좋아요'라는 문자열을 입력했을 때 'G#T#를#활#한#파#썬#로#래# #아#'로 아래와 같이 출력되는 프로그램을 작성해 보시오.

출력결과

```
>>>
RESTART: E:/Since_2015_Class/2023_2학기/파이썬_001_소프트웨어사고/파이썬코드/GPT_PY_
Source Code/self_GPT_PY_03-01.py

문자열을 입력하세요: GPT4를 활용한 파이썬프로그래밍 좋아요 ← 사용자가 입력한 값
G#T#를#활#한#파#썬#로#래# #아#
```

[Source Code GPT_PY_03-02] 수정 결과

```
(Source Code: self_GPT_PY_03-01.py)
## 입력된 문자열의 짝수번째 글자를 #으로 바꿔서 출력하는 프로그램 ##
## Program id: self_GPT_PY_03-01                                    ##

ss = input('문자열을 입력하세요: ')

sslen = len(ss)

for i  in range(0 , sslen) :
    if i%2 ==0 :
        print(ss[i], end='')
    else :
        print('#', end='')

#=========End of For================

print("\n")
```

■ 문자열 프로그램 실습 2

문자열을 거꾸로 출력하는 프로그램 작성

```
## 문자열을 입력받아서 거꾸로 출력하는 프로그램 ##
## Program id: GPT_PY_03-03                  ##

## 변수 선언 부분
inStr, outStr="", ""
count, i = 0,0

## 메인(main) 코드 부분
inStr = input("문자열을 입력하세요: ")
count = len(inStr)

for i in range(0, count) :
    outStr = outStr + inStr[count - (i+1)]
#    print("%d: %s" % (i,inStr[count - (i+1)]))
```

```
#    print("%d: %s" % (i,outStr))

print("내용을 거꾸로 출력 --> %s" % outStr)
```

출력결과
RESTART: E:/Since_2015_Class/2023_2학기/파이썬_001_소프트웨어사고/파이썬코드/GPT_PY_
Source Code/GPT_PY_03-03.py
문자열을 입력하세요: GPT4와 파이썬의 만남
내용을 거꾸로 출력 → 남만 의썬이파 와4TPG

■ GPT-4를 활용한 문자열 실습 프로그램 질의 프롬프트와 결과 사례

You
User
다음과 같은 기능을 하는 파이썬 프로그램을 작성해 주세요. 문자열을 입력받아서 거꾸
로 출력하는 프로그램입니다. 문자열을 입력받고, for문을 사용하여 문자열을 거꾸로 출
력을 합니다.

ChatGPT
⚠ Error analyzing ⌄

현재 사용 중인 환경에서는 `input()` 함수를 직접 사용할 수 없어 코드의 실행 결과를
보여드릴 수 없습니다. 하지만 제공된 코드는 사용자로부터 문자열을 입력받아 이를 for
문을 사용하여 거꾸로 출력하는 기능을 수행합니다. 코드를 실제 파이썬 환경에서 실행
하면 다음과 같이 동작합니다:

1. 사용자가 문자열을 입력합니다.
2. 프로그램은 for문을 통해 문자열의 각 글자를 거꾸로 조합하여 출력합니다.

실행 예시:

```
📋 Copy code

문자열을 입력하세요: Python
거꾸로 된 문자열: nohtyP
```

이 프로그램을 실제 파이썬 환경에서 실행해보시길 권장합니다 ⌊>-⌋

위 답변에서 에러가 났음에도 불구하고, 정상적 기능을 가진 프로그램이 아래에
출력됨

Analysis ✕

```python
def reverse_string_with_for_loop():
    input_string = input("문자열을 입력하세요: ")
    reversed_string = ''

    # for문을 사용하여 문자열을 거꾸로 만듦
    for char in input_string:
        reversed_string = char + reversed_string

    print("거꾸로 된 문자열:", reversed_string)

# 이 코드는 실제 파이썬 환경에서 실행해야 합니다. Jupyter 환경에서
reverse_string_with_for_loop()
```

▪ GPT 활용 결과 기반 프로그램 코딩 및 실행 실습

```
## 문자열을 입력받아서 거꾸로 출력하는 프로그램 ##
## Program id: GPT_PY_03-03_from_GPT          ##

def reverse_string_with_for_loop():
    input_string = input("문자열을 입력하세요: ")
    reversed_string = ''

    # for문을 사용하여 문자열을 거꾸로 만듦
    for char in input_string:
        reversed_string = char + reversed_string

    print("거꾸로 된 문자열:", reversed_string)

# 이 코드는 실제 파이썬 환경에서 실행해야 합니다.
# Jupyter 환경에서는 input() 함수가 제대로 작동하지 않습니다.
reverse_string_with_for_loop()
```

■ 문자열 함수 사용

- 대문자/소문자의 변환
- upper( ) 함수: 소문자를 대문자로 변경
- lower( ) 함수: 대문자를 소문자로 변경
- swapcase( ) 함수: 대소문자를 상호 변환
- title( ) 함수: 각 단어의 제일 앞 글자만 대문자로 변환

```
>>> ss='GPT-4와 Python의 결합. 그래서 programming이 더욱 흥미로워 졌군요 ^^'
>>> ss.upper()
'GPT-4와 PYTHON의 결합. 그래서 PROGRAMMING이 더욱 흥미로워 졌군요 ^^'
>>> ss.lower()
'gpt-4와 python의 결합. 그래서 programming이 더욱 흥미로워 졌군요 ^^'
>>> ss.swapcase()
'gpt-4와 pYTHON의 결합. 그래서 PROGRAMMING이 더욱 흥미로워 졌군요 ^^'
>>> ss.title()
'Gpt-4와 Python의 결합. 그래서 Programming이 더욱 흥미로워 졌군요 ^^'
>>>
```

■ Count(): 찾을 문자열이 몇 개 들었는지 개수를 세는 함수

```
>>> ss='GPT 사용은 즐겁습니다. GPT 사용은 내 머리를 한단계 좋게 만듭니다. ^^'
>>> ss.count('사용')
2
```

■ find( ): 찾을 문자열이 몇 번째 위치하는지 찾음, 찾을 문자열이 없으면 –1 반환

```
>>> ss='GPT 사용은 즐겁습니다. GPT 사용은 내 머리를 한단계 좋게 만듭니다. ^^'
>>> ss.find('사용')
4
>>> ss.find('없다')
-1
```

■ find('찾을 문자열', 시작위치) 함수: 시작위치부터 문자열을 찾음

```
>>> ss='GPT 사용은 즐겁습니다. GPT 사용은 내 머리를 한단계 좋게 만듭니다. ^^'
>>> ss.find('사용',5)
19
```

■ rfind(): 오른쪽부터 찾음 (or 뒤에서부터 찾을 때 사용 가능함)

```
>>> ss='GPT 사용은 즐겁습니다. GPT 사용은 내 머리를 한단계 좋게 만듭니다. ^^'
>>> ss.rfind('사용')
19
```

■ index(): find() 함수와 동일한 용도이나, 찾을 문자열이 없다면 오류 발생

```
>>> ss='GPT 사용은 즐겁습니다. GPT 사용은 내 머리를 한단계 좋게 만듭니다. ^^'
>>> ss.index('없다')
Traceback (most recent call last):
  File "<pyshell#16>", line 1, in <module>
    ss.index('없다')
ValueError: substring not found
>>> ss.index('사용')
4
>>> ss.rindex('사용')
19
>>> ss.index('사용',5)
19
>>>
```

■ startswith(): 찾을 문자열로 시작하면 True값을 Return, 그렇지 않으면 False 값을 반환

```
>>> ss='GPT 사용은 즐겁습니다. GPT 사용은 내 머리를 한단계 좋게 만듭니다. ^^'
>>> ss.startswith('GPT')
True
```

- startswith('찾을 문자열', 위치): 해당 위치에서 찾을 문자열로 시작하면 True값을 Return, 그렇지 않으면 False 값을 반환

```
>>> ss='GPT 사용은 즐겁습니다. GPT 사용은 내 머리를 한단계 좋게 만듭니다. ^^'
>>> ss.startswith('GPT',10)
False
```

- endswith(): 찾을 문자열로 끝나면 True값을 Return, 그렇지 않으면 False 값을 반환

```
>>> ss='GPT 사용은 즐겁습니다. GPT 사용은 내 머리를 한단계 좋게 만듭니다. ^^'
>>> ss.endswith('^^')
True
```

- 문자열 공백 제거, 추가, 변경 함수: strip(), rstrip(), lstrip(), replace()
  단, 문자열 중간의 공백은 제거되지 않음

```
>>> ss='   G   P   T   '
>>> ss.strip()
'G   P   T'
>>> ss.rstrip()
'   G   P   T'
>>> ss.lstrip()
'G   P   T   '

>>> ss='----G----P----T----'
>>> ss.strip('-')
'G----P----T'
>>> ss='<<<<G << P >> T>>>>'
>>> ss.strip('<>')
'G << P >> T'
>>> ss="<<<< G << P >> T >>>>"
>>> ss.strip('<>')
' G << P >> T '  ← "G"자의 앞 부분과 "T " 자의 뒷 부분 스페이스 그대로 존재함
```

■ 문자열 프로그램 실습 3

문자열의 글자가 아닌 부분을 제거하여 출력하는 프로그램 작성

```
## 문자열의 글자가 아닌부분을 제거하여 출력하는 프로그램 ##
## Program id: GPT_PY_03-04                              ##


#---------변 수 선 언----------#
inStr = '<<<G<<P>>T>>>'
outStr = ''
k=0


#======= main code ==========#


k=len(inStr)
for i in range(0, k) :
    if inStr[i] != '<' and inStr[i] != '>':
        outStr = outStr + inStr[i]


print("원  문자열 ==> " + inStr)
print("<> 제거   ==> " + outStr)
```

출력결과

RESTART: E:/Since_2015_Class/2023_2학기/파이썬_001_소프트웨어사고/파이썬코드/GPT_PY_
Source Code/GPT_PY_03-04.py
원 문자열 ==> <<<G<<P>>T>>>
<> 제거   ==> GPT

■ GPT-4를 활용한 문자열 실습 프로그램 질의 프롬프트와 결과 사례

 You
'<<<G<<P>>T>>>'을 입력 받아서,'GPT'으로 출력되는 파이썬 프로그램을 작성해 주세요. 프로그램 코드 작성시에 for문과 if문을 사용하고, 코드 예시를 본문에 표현해 주세요.

 ChatGPT

⚠ Error analyzing ˅

'<<<G<<P>>T>>>' 문자열을 입력받아 'GPT'로 출력하는 파이썬 프로그램을 작성했습니다. 이 프로그램은 for문과 if문을 사용하여 문자열에서 'G', 'P', 'T' 문자만을 추출합니다. 제공된 예시 문자열에 대한 출력 결과는 'GPT'입니다.

프로그램 코드는 다음과 같습니다:

```python
def extract_letters(input_string):
    result = ''

    for char in input_string:
        if char in ['G', 'P', 'T']:
            result += char

    return result

# 예시 문자열
example_string = '<<<G<<P>>T>>>'

# 함수 실행 및 결과 출력
output = extract_letters(example_string)
output
```

■ GPT 활용 결과 기반 프로그램 코딩 및 실행 실습

```
## 문자열의 글자가 아닌 부분을 제거하여 출력하는 프로그램 ##
## Program id: GPT_PY_03-04_from_GPT4                        ##

def extract_letters(input_string):
    result = ''

    for char in input_string:
        if char in ['G', 'P', 'T']:
            result += char

    return result

# 예시 문자열
example_string = '<<<G<<P>>T>>>'

# 함수 실행 및 결과 출력
output = extract_letters(example_string)

# GPT4 결과물에서 아래 부분의 Print문장을 추가 및 변경하였음
print("원  문자열 ==> " + example_string)
print("<> 제거   ==> " + output)
```

문자열 변경 함수: replace('기존 문자열', '새 문자열')

```
>>> ss='GPT와 Python의 융합 연습중~~'
>>> ss.replace('Python','파이썬')
'GPT와 파이썬의 융합 연습중~~'
```

■ 문자열을 입력 받아 'p'를 '*'로 변경하여 출력하는 프로그램 replace 함수를 활용한 사례

Source Code: GPT_PY_03-05.py

```
## 문자열을 입력 받아  'p'를 '*'로 변경하여 출력하는 프로그램 ##
## Program id: GPT_PY_03-05                              ##

ss = input("문자열 입력 ==> ")
```

```
print("출력 문자열 ==> ", end='')
print(ss.replace('p','*'))
```

출력결과

RESTART: E:/Since_2015_Class/2023_2학기/파이썬_001_소프트웨어사고/파이썬코드
/GPT_PY_Source Code/GPT_PY_03-05.py
문자열 입력 ==> gpt with python
출력 문자열 ==> g*t with *ython

■ GPT-4 활용 프로그래밍 문자열을 입력 받아 'p'를 '*'로 변경하여 출력하는 프로그램

 You
파이썬 프로그램 코드를 작성해 주세요. 문자열을 입력 받아 'p'를 '*'로 변경하여 출력하는 프로그램입니다. 코드 예시를 본문에 표현해 주세요.

 ChatGPT
⚠ Error analyzing ⌄

문자열에서 'p'를 "로 변경하여 출력하는 파이썬 프로그램을 작성했습니다. 이 프로그램은 입력된 문자열에서 모든 'p' 문자를 "로 대체합니다. 제공된 예시 문자열 "Python programming is popular"에 대한 출력 결과는 'Python *rogramming is oular'입니다.

프로그램 코드는 다음과 같습니다:

```python
def replace_p_with_asterisk(input_string):
    # 'p'를 '*'로 변경
    result = input_string.replace('p', '*')

    return result

# 예시 문자열
example_string = "Python programming is popular"

# 함수 실행 및 결과 출력
output = replace_p_with_asterisk(example_string)
output
```

■ GPT 활용 결과 기반 프로그램 코딩 및 실행 실습

```
## 문자열을 입력 받아 'p'를 '*'로 변경하여 출력하는 프로그램 ##
## Program id: GPT_PY_03-05_from_GPT4                        ##

def replace_p_with_asterisk(input_string):
    # 'p'를 '*'로 변경
    result = input_string.replace('p', '*')

    return result

# 예시 문자열
example_string = "Python programming is popular"

# 함수 실행 및 결과 출력
output = replace_p_with_asterisk(example_string)
print(output)
```

■ 문자열 분리, 결합

- split( ): 문자열을 공백이나 다른 문자로 분리해서 리스트를 반환
- splitlines( ): 행 단위로 분리
- join( ): 문자열을 합쳐주는 함수

```
>>> tt='GPT와 Python 융합 공부 중'
>>> tt.split()
['GPT와', 'Python', '융합', '공부', '중']
>>> tt='one:two:three'
>>> tt.split(':')
['one', 'two', 'three']
>>> tt='one\ntwo\nthree'
>>> tt
'one\ntwo\nthree'
>>> print(tt)
one
two
three
```

```
>>> tt='one\ntwo\nthree'
>>> tt.splitlines()
['one', 'two', 'three']
>>> tt='%'
>>> tt.join('GPT')
 'G%P%T'
```

```
'map(함수명, 리스트이름)' 함수 -> 리스트 값 하나하나를 함수명에 대입

>>> before=['2019','12','31']
>>> after=list(map(int,before))   # [int('2019'),int('12'),int('31')]효과
>>> after
[2019, 12, 31]
```

map(f, iterable)은 함수(f)와 반복 가능한(iterable) 자료형(List or tuple)을 입력으로 받는다. map은 입력받은 자료형의 각 요소가 함수 f에 의해 수행된 결과를 묶어서 리턴하는 함수이다.

아래는 map함수 사용 예시 이다.

① List 활용 Ascii 값 구하기

```
>>> a=["A","B","C","D"]
>>> list(map(ord,a))
[65, 66, 67, 68]
>>> tuple(map(ord,a))
(65, 66, 67, 68)
```

② Tuple 활용 Ascii 값 구하기

```
>>> tuple_1=('A','B','C','D')
>>> tuple(map(ord,tuple_1))
(65, 66, 67, 68)
>>> list(map(ord,tuple_1))
[65, 66, 67, 68]
```

■ 문자열 정렬 및 채우기 함수 → Print문에도 비슷한 기능 존재함

- center( ): 숫자만큼 전체 자릿수를 잡은 후 문자열을 가운데 배치
- ljust( ): 왼쪽에 붙여 출력
- rjust( ): 오른쪽에 붙여 출력
- zfill( ): 오른쪽으로 붙여 쓰고 왼쪽 빈 공간은 0으로 채움

```
>>> pp="GPT"
>>> pp.center(10)
'   GPT    '
>>> pp.center(10,"-")
'---GPT----'
>>> pp.center(11,"-")
'----GPT----'
>>> pp.ljust(10)
'GPT       '
>>> pp.rjust(10)
'       GPT'
>>> pp.zfill(10)
'0000000GPT'
```

■ 문자열 구성 파악 함수: True 또는 False를 반환

- isdigit( ): 전체가 숫자로만 구성되어 있는가
- isalpha( ): 전체가 글자(한글/영어)로만 구성되어 있는가
- isalnum( ): 전체가 글자와 숫자가 섞여 있거나, 글자 또는 숫자로만 구성되어 있는가
- islower( ): 전체가 소문자로만 구성되어 있는가
- isupper( ): 전체가 대문자로만 구성되어 있는가
- isspace( ): 전체가 공백문자로만 구성되어 있는가

```
>>> '1234'.isdigit()
True
>>> '1234'.isalnum()  ← Compiler가 strict하지 않음, Side Effect 나올 가능성 있음
True
>>> 'aaaa'.isalnum()  ← 비밀번호 구성 시 문자와 숫자를 섞어서 사용해주세요. 체
크를 할 경우 Side Effect 나올 가능성 있음
True
>>> '1234'.isalpha()
False
>>> '1234'.islower()
False
>>> 'abcd'.isalpha()
True
>>> 'abc123'.isalpha()
False
>>> 'abc123'.isalnum()
True
>>> 'abc123'.islower()
True
>>> 'abcd'.islower()
True
>>> 'ABCD'.islower()
False
>>> 'ABcd'.islower()
False
>>> 'abcd'.isupper()
False
>>> 'ABcd'.isupper()
False
>>> 'ABCD'.isupper()
True
>>> '    '.isspace()
True
```

> [아이콘] 프로그램 실습

문자열을 입력 받아서 아래와 같이 "글자", "숫자", "영숫자"를 식별하여 출력되고, "$"를 입력하면 프로그램이 종료되는 프로그램을 작성해 보시오.

> 출력결과

```
>>>
RESTART: E:/Since_2015_Class/2023_2학기/파이썬_001_소프트웨어사고/파이썬코드/GPT_PY_
Source Code/GPT_PY_03-06.py
문자열 입력: abce123
영숫자입니다.
문자열 입력: abcd
글자입니다.
문자열 입력: 12345
숫자입니다.
문자열 입력: 대한민국
글자입니다.
문자열 입력: 대한민국 만세!!!
모르겠습니다.ㅠㅠ
문자열 입력: $
프로그램을 종료 합니다.
```

> Source Code: GPT_PY_03-06.py

```python
## "글자","숫자","영숫자"를 식별하여 출력하는 프로그램 ##
## Program id: GPT_PY_03-06                          ##
#-----------------변수 선언-------------------#
str=" "
#----------------Main Code-------------------#
while True :
    str = input("문자열 입력: ")
    if (str == '$') :
        print("프로그램을 종료 합니다.")
        break
# 영숫자 체크를 앞에서 진행하면, 아래 if문의 숫자와 글자 체크가 안 되는 Side
Effect 발생함
```

```
#    if str.isalnum():
#        print("영숫자입니다.")
    if str.isdigit() :
        print("숫자입니다.")
    elif str.isalpha() :
        print("글자입니다.")
    elif str.isalnum() :
        print("영숫자입니다.")
    else :
        print("모르겠습니다.ㅠㅠ")
```

■ GPT-4 활용 프로그래밍 문자열을 입력 받아서 "글자", "숫자", "영숫자"를 식별
  하여 출력되고, "$"를 입력하면 프로그램이 종료되는 프로그램 작성

■ GPT4 프롬프트

 You
문자열을 입력 받아서 아래와 같이 " 글자 ", " 숫자 ", " 영숫자 " 를 식별하여 출력되고,
"$"를 입력하면 프로그램이 종료되는 프로그램을 작성해 주세요. 파이썬 코드를 본문에
나타내고, 설명은 한국말로 해 주세요!
문자열 입력 : abce123
영숫자입니다.
문자열 입력 : abcd
글자입니다.
문자열 입력 : 12345
숫자입니다.
문자열 입력 : 대한민국
글자입니다.
문자열 입력 : 대한민국 만세!!!
모르겠습니다.ㅠㅠ
문자열 입력 : $
프로그램을 종료 합니다.

■ GPT4 생성 결과

 ChatGPT
아래에 사용자가 입력한 문자열이 영숫자인지, 숫자인지, 글자인지를 식별하여 출력하고, "$" 문자를 입력하면 종료하는 파이썬 프로그램을 작성하였습니다.

```python
def identify_input():
    while True:
        user_input = input("문자열 입력 : ")
        if user_input == "$":
            print("프로그램을 종료 합니다.")
            break
        elif user_input.isalpha():
            print("글자입니다.")
        elif user_input.isdigit():
            print("숫자입니다.")
        elif user_input.isalnum():
            print("영숫자입니다.")
        else:
            print("모르겠습니다.ㅠㅠ")


identify_input()
```

이 프로그램은 다음과 같이 작동합니다:

1. 사용자에게 "문자열 입력 :"이라고 표시하면서 문자열을 입력받습니다.
2. 입력된 문자열이 "$"이면, "프로그램을 종료 합니다."라고 출력하고 프로그램을 종료합니다.
3. 문자열이 오직 글자(알파벳)로만 이루어져 있으면 "글자입니다."라고 출력합니다.
4. 문자열이 숫자로만 이루어져 있으면 "숫자입니다."라고 출력합니다.
5. 문자열이 영숫자(알파벳과 숫자의 조합)로만 이루어져 있으면 "영숫자입니다."라고 출력합니다.
6. 위의 조건에 모두 해당하지 않는 경우, "모르겠습니다.ㅠㅠ"라고 출력합니다.

이 프로그램을 실행하면 사용자는 글자, 숫자, 영숫자를 입력하거나 프로그램을 종료할 수 있습니다. `$` 문자를 입력하면 프로그램이 종료되므로, 이를 통해 사용자가 프로그램을 언제든지 쉽게 끝낼 수 있습니다.

프로그래밍 팁 | 파이썬 random 모듈(난수 생성), 함수 사용법 정리 Advanced

- **용어 정리:** 모듈은 함수의 집합으로 이해하면 됨
- **Import:** 외부의 파일에서 작성한 함수를 현재의 코드에서 사용할 수 있게 해주는 예약어 (reserved word)
- **Import random:** random함수들을 코드에서 사용하기 위해 우선 Import를 함
- **random.random( ):** 0.0이상 1.0미만의 실수(float)를 리턴(반환)함 (원하는 숫자를 더해 난수의 범위를 조정 가능함)
- **random.randint(1,10):** 1이상 10이하의 정수(int)를 리턴한다. (random.randrange함수와 달리 마지막 숫자가 포함됨)

```
>>> import random
>>> random.random()
0.9809343900128984
>>> random.random() + 1
1.03725328194381
>>> random.randint(1,10)
8
>>> random.randint(1,10)
10
```

- **random.randrange(0,10):** 0부터 9까지의 정수를 리턴
- **random.randrange(0,10,1):** 0부터 9까지의 정수를 리턴 (range함수 사용법과 유사함)
- **random.randrange(0,10,2):** 0부터 9까지의 2의 배수를 리턴
- **random.randrange(0,10,3):** 0부터 9까지의 3의 배수를 리턴

```
>>> random.randrange(0,10)
7
>>> random.randrange(0,10,1)
9
>>> random.randrange(0,10,2)
2
>>> random.randrange(0,10,2)
2
>>> random.randrange(0,10,2)
6
```

```
>>> random.randrange(0,10,2)
4
>>> random.randrange(0,10,3)
3
>>> random.randrange(0,10,3)
0
>>> random.randrange(0,10,3)
6
```

- **random.choice([1,2,3,4,5,6,7,8,9]):** 리스트와 같은 시퀀스 자료형을 인자로 전달받아 임의의 값을 반환하는 함수
- **random.sample(range(1,46),6):** 1부터 45까지의 6개의 값을 리스트 형식으로 중복없이 반환 특정 영역의 숫자를 중복없이 리턴하기 때문에 로또번호 생성에 사용 가능함)

```
>>> random.choice([1,2,3,4,5,6,7,8,9])
7
>>> random.choice([1,2,3,4,5,6,7,8,9])
1
>>> random.choice([1,2,3,4,5,6,7,8,9])
4
>>> random.sample(range(1,46),6)
[20, 9, 6, 31, 2, 36]
>>> random.sample(range(1,46),6)
[37, 29, 19, 24, 39, 22]
>>> random.sample(range(1,46),6)
[43, 18, 38, 44, 10, 7]
```

- num=[0,1,2,3,4,5,6,7,8,9]
- **random.shuffle(num):** 전달받은 리스트형 변수 내용을 임의의 순서로(랜덤으로) 섞는 함수 (Apple Music App의 shuffle 기능과 유사)

```
>>> num=[0,1,2,3,4,5,6,7,8,9]
>>> num
[0, 1, 2, 3, 4, 5, 6, 7, 8, 9]
```

```
>>> random.shuffle(num)
>>> num
[3, 4, 1, 7, 8, 6, 9, 2, 5, 0]
>>> random.shuffle(num)
>>> num
[6, 3, 4, 2, 9, 7, 5, 0, 8, 1]
```

4 파이썬의 기본 자료형_리스트

파이썬의 기본 자료형 중 하나인 리스트(List)는 여러 값을 순서대로 저장하는 데 사용되며, 다양한 타입의 데이터를 포함할 수 있습니다. 리스트는 대괄호 [ ] 안에 값들을 쉼표 , 로 구분하여 정의합니다.

■ 리스트의 예시와 기능

• 리스트 생성하기

```
my_list = [1, 2, 3, 4, 5]        # 정수 리스트
names = ["철수", "영희", "민수"]  # 문자열 리스트
mixed = [1, "철수", 3.14, True]   # 여러 타입을 포함한 리스트
empty_list = []                  # 빈 리스트
```

• 리스트 인덱싱: 리스트에서 특정 위치의 값에 접근하려면 인덱싱을 사용합니다. 인덱스는 0부터 시작합니다.

```
print(my_list[0])  # 출력: 1
print(names[1])    # 출력: 영희
print(mixed[2])    # 출력: 3.14
```

- 리스트 슬라이싱: 리스트의 일부분을 추출하려면 슬라이싱을 사용합니다.

```
print(my_list[1:3])        # 출력: [2, 3]
print(names[:2])           # 출력: ["철수", "영희"]
```

- 리스트에 항목 추가하기

```
my_list.append(6)          # my_list 끝에 6을 추가합니다.
print(my_list)             # 출력: [1, 2, 3, 4, 5, 6]
```

- 리스트에 항목 삽입하기

```
my_list.insert(1, 'a')     # 인덱스 1의 위치에 'a'를 삽입합니다.
print(my_list)             # 출력: [1, 'a', 2, 3, 4, 5, 6]
```

- 리스트에서 항목 제거하기

```
my_list.remove('a')        # 'a' 값을 가진 첫 번째 항목을 제거합니다.
print(my_list)             # 출력: [1, 2, 3, 4, 5, 6]
```

- 리스트에서 항목 꺼내기

```
last_item = my_list.pop()  # 리스트의 마지막 항목을 꺼내고 반환합니다.
print(last_item)           # 출력: 6
print(my_list)             # 출력: [1, 2, 3, 4, 5]
```

- 리스트의 길이 구하기

```
length = len(my_list)      # 리스트의 길이(항목 수)를 구합니다.
print(length)              # 출력: 5
```

리스트는 매우 유연하고 다양한 방법으로 사용할 수 있는 파이썬의 중요한 자료형 중 하나입니다. 위의 예시처럼 리스트를 조작하여 다양한 작업을 수행할 수 있습니다.

🖥️ 프로그램 실습

· 100개의 리스트를 만들 경우 append()와 함께 for문을 활용
· for문으로 100번(0부터 99까지)을 반복해서 리스트이름.append(i)로 100개 크기의 리스트를 만듦
· len 함수로 리스트의 개수를 확인

Source Code: GPT_PY_03-07.py

```
## for문과 append를 이용하여 100개의 List 만들기 ##
## Program id: GPT_PY_03-07                    ##
aa=[]
for i in range(0, 100) :
        aa.append(i)
print(len(aa))
print(aa)
```

출력결과

RESTART: E:/Since_2015_Class/2023_2학기/파이썬_001_소프트웨어사고/파이썬코드/GPT_PY_
Source Code/GPT_PY_03-07.py
100
[0, 1, 2, 3, 4, 5, 6, 7, 8, 9, 10, 11, 12, 13, 14, 15, 16, 17, 18, 19, 20, 21, 22,
23, 24, 25, 26, 27, 28, 29, 30, 31, 32, 33, 34, 35, 36, 37, 38, 39, 40, 41, 42,
43, 44, 45, 46, 47, 48, 49, 50, 51, 52, 53, 54, 55, 56, 57, 58, 59, 60, 61, 62,
63, 64, 65, 66, 67, 68, 69, 70, 71, 72, 73, 74, 75, 76, 77, 78, 79, 80, 81, 82,
83, 84, 85, 86, 87, 88, 89, 90, 91, 92, 93, 94, 95, 96, 97, 98, 99]
>>>

■ GPT-4 활용 프로그래밍 for문과 append()를 이용하여 100개의 List 만들기

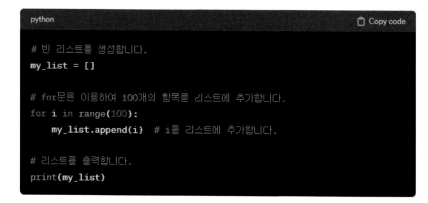

You
for문과 append를 이용하여 100개의 항목이 존재하는 List를 만드는 파이썬 코드를 본문에 짜주세요.

ChatGPT
물론입니다. 아래는 for문과 append를 이용하여 100개의 항목이 있는 리스트를 만드는 파이썬 코드입니다:

```python
# 빈 리스트를 생성합니다.
my_list = []

# for문을 이용하여 100개의 항목을 리스트에 추가합니다.
for i in range(100):
    my_list.append(i)  # i를 리스트에 추가합니다.

# 리스트를 출력합니다.
print(my_list)
```

이 코드는 0부터 99까지의 숫자를 포함하는 리스트를 생성합니다. `range(100)`는 0부터 99까지의 숫자를 생성하며, 각 숫자는 `append()` 함수를 통해 `my_list`라는 리스트에 추가됩니다.

 프로그램 실습

· 빈 리스트 생성 후 10개의 값을 가질 수 있는 리스트 만들기
· for문과 input함수를 이용하여, 각 List의 항목에 대하여 입력값을 받음
· 각 리스트의 값을 더하여 print문장으로 출력하기

Source Code: GPT_PY_03-08.py

```
## List를 만들고 값을 입력해서 출력하는 프로그램 ##
## Program id: GPT_PY_03-08                      ##


# 빈 리스트 생성
aa = []
```

```python
# 10개의 값을 가질 수 있는 리스트 만들기
for i in range(0, 10) :
    aa.append(0)

#print("1번째 for문 실행 후 List 결과 값: ", aa)

# 각 리스트 항목에 값 입력
for j in range(0, 10) :
    aa[j] = int(input(  str(j+1) + "번째 숫자: " ))

#print("2번째 for문 실행 후 List 결과 값: ", aa)

# 각 리스트의 값을 더해서 출력하기
k, hap = 0, 0
while (k < 10) :
    hap = hap + aa[k]
    k = k + 1
print(" 합계 ==> %d " % hap)
```

출력결과

```
RESTART: E:/Since_2015_Class/2023_2학기/파이썬_001_소프트웨어사고/파이썬코드/GPT_PY_
Source Code/GPT_PY_03-08.py
1번째 숫자: 10
2번째 숫자: 20
3번째 숫자: 30
4번째 숫자: 40
5번째 숫자: 50
6번째 숫자: 60
7번째 숫자: 70
8번째 숫자: 80
9번째 숫자: 90
10번째 숫자: 100
 합계 ==> 550
```

- GPT-4 활용 프로그래밍

  - 빈 리스트 생성 후 10개의 값을 가질 수 있는 리스트 만들기
  - for문과 input함수를 이용하여, 각 List의 항목에 대하여 입력값을 받음
  - 각 리스트의 값을 더하여 print문장으로 출력하기

 You
빈 리스트 생성 후 10개의 항목 값을 가질 수 있는 리스트를 만들고, for문과 input함수를
이용하여, 각 List의 항목에 대하여 입력값을 받아서, 각 List의 값을 더하여 print문장으로
출력하는 파이썬 코드를 본문에 짜주세요.

ChatGPT
아래는 빈 리스트를 생성하고, for문과 input 함수를 사용하여 사용자로부터 10개의 값을
입력받아 이들을 더한 후 결과를 출력하는 파이썬 코드입니다:

```python
# 빈 리스트를 생성합니다.
my_list = []

# for문을 사용하여 사용자로부터 10개의 값을 입력받습니다.
for i in range(10):
    value = input(f"항목 {i+1}의 값을 입력하세요: ")
    my_list.append(int(value))  # 입력받은 값을 정수로 변환하여 리스트에 추가

# 리스트의 모든 값을 더합니다.
total = sum(my_list)

# 결과를 출력합니다.
print("리스트의 모든 값의 합:", total)
```

이 코드는 각 항목에 대한 사용자의 입력을 정수로 변환하여 리스트에 추가합니다. 마지
막으로 `sum()` 함수를 사용하여 리스트의 모든 값을 더하고, 이 합계를 출력합니다. 사
용자는 각 항목에 대해 숫자를 입력해야 합니다.

리스트 이름 첨자 형식 음수값 사용 사례, 리스트의 끝 부분부터 [-1]로 시작

```
>>> aa=[10,20,30,40]
>>> print("aa[-1]은 %d, aa[-2]는 %d" % (aa[-1], aa[-2]))
```

출력결과
```
aa[-1]은 40, aa[-2]는 30
```

```
>>> aa=[10,20,30,40]
>>> aa[-1]
40
>>> aa[-2]
30
>>> aa[-3]
20
>>> aa[-4]
10
>>> aa[-5]          # aa[-5]를 입력하면 오류가 발생함
Traceback (most recent call last):
  File "<pyshell#3>", line 1, in <module>
    aa[-5]
IndexError: list index out of range
```

리스트이름[시작:끝+1]'로 지정하면 리스트의 모든 값이 나옴

```
>>> aa=[10,20,30,40]
>>> aa[0:3]                 # aa[0], aa[1], aa[2]를 의미함
[10, 20, 30]
>>> aa[0:4]                 # aa[0], aa[1], aa[2], aa[3]을 의미함
[10, 20, 30, 40]
>>> aa[0:5]
[10, 20, 30, 40]
>>> aa[0:10]
[10, 20, 30, 40]
>>> aa[2:4]
[30, 40]
>>> aa[2:5]
[30, 40]
```

콜론의 앞이나 뒤 숫자의 생략도 가능

```
>>> aa=[10,20,30,40]
>>> aa[2:]                    # aa[2], aa[3]을 의미함
[30, 40]
>>> aa[:2]                    # 처음부터 aa[1]까지를 의미함
[10, 20]
>>> aa[3:]
[40]
>>> aa[:3]
[10, 20, 30]
```

리스트끼리 더하기, 곱하기 연산도 가능

```
>>> aa=[10,20,30,40]
>>> bb=[40,50,60,70]
>>> aa+bb
[10, 20, 30, 40, 40, 50, 60, 70]
>>> aa*3
[10, 20, 30, 40, 10, 20, 30, 40, 10, 20, 30, 40]
>>>
```

두 번째 위치한 한 개의 값을 변경하는 방법

```
>>> aa=[10,20,30,40]
>>> aa[1]=200
>>> aa
[10, 200, 30, 40]
```

두 번째 값인 20을 200과 201 두 개의 값으로 변경

```
>>> aa=[10,20,30,40]
>>> aa[1:2]=[200,201]
>>> aa
[10, 200, 201, 30, 40]
```

다른 변경 사례 (aa(1), aa(2))항목을 3개의 값으로 치환

```
>>> aa=[10,20,30,40]
>>> aa[1:3]=[200,201,202]
>>> aa
[10, 200, 201, 202, 40]
```

두 번째 값인 20을 다섯 개의 값으로 변경

```
>>> aa=[10,20,30,40]
>>> aa[1:2]=[200,201,202,203,204]
>>> aa
[10, 200, 201, 202, 203, 204, 30, 40]
```

---

aa[1:2] 대신 aa[1]을 사용 → 리스트 안에 또 리스트로 추가됨.

```
>>> aa=[10,20,30,40]
>>> aa[1]=[200,201]
>>> aa
[10, [200, 201], 30, 40]
```

---

del() 함수를 사용하여 aa[1] 항목을 삭제하는 방법

```
>>> aa=[10,20,30,40]
>>> del (aa[1])
>>> aa
[10, 30, 40]
```

여러 개의 항목을 삭제하려면 'aa[시작:끝+1]=[ ]' 문장으로 설정

```
>>> aa=[10,20,30,40]
>>> del (aa[1:3])
>>> aa
[10, 40]
```

🎛 프로그램 실습

- 빈 리스트 생성 후 20개의 값을 가질 수 있는 리스트 만들기
- 생성된 리스트의 내용을 Print문장으로 출력하기
- min(), max() 함수를 이용하여 각 리스트의 최소값, 최대값을 print문장으로 출력하기

Source Code: GPT_PY_03-09.py

```python
## 20개 짜리 List 만든 후 최소, 최대값   ##
## 출력하는 프로그램                      ##
## Program id: GPT_PY_03-09              ##

Alist = []
value = 0

# 20개의 구성요소를 가지고 있는 리스트 만들기
for i in range(0,20) :
    Alist.append(value)
    value = value + 2

print("생성된 Alist의 내용: " , Alist)
# 최소값과 최대값 구하기
min_value = min(Alist)
max_value = max(Alist)

# 출력하기
# print("리스트 전체 :", Alist)
print("최소값       :", min_value)
print("최대값       :", max_value)
```

출력결과

```
RESTART: E:/Since_2015_Class/2023_2학기/파이썬_001_소프트웨어사고/파이썬코드/GPT_PY_
Source Code/GPT_PY_03-09.py
생성된 Alist의 내용: [0, 2, 4, 6, 8, 10, 12, 14, 16, 18, 20, 22, 24, 26, 28, 30,
32, 34, 36, 38]
최소값       : 0
최대값       : 38
```

■ GPT-4 활용 프로그래밍

• 빈 리스트 생성 후 20개의 값을 가질 수 있는 리스트 만들기

• 생성된 리스트의 내용을 Print문장으로 출력

• min(), max() 함수를 이용하여 각 리스트의 최소값, 최대값을 print문장으로 출력

 You
빈 리스트 생성 후 20개의 값을 가질 수 있는 리스트를 만들고, 생성된 리스트의 내용을 Print문장으로 출력하고, min(), max() 함수를 이용하여 각 리스트의 최소값, 최대값을 print문장으로 출력하는 파이썬 코드를 본문에 짜주세요.

 ChatGPT
다음은 요청하신 파이썬 코드입니다:

1. 먼저 빈 리스트를 생성합니다.
2. 이 리스트에 1부터 20까지의 정수를 추가합니다.
3. 리스트의 내용을 출력합니다.
4. `min()`과 `max()` 함수를 사용하여 리스트의 최소값과 최대값을 찾아 출력합니다.

```python
# 빈 리스트 생성
list1 = []

# 1부터 20까지의 정수로 리스트를 채움
list1 = list(range(1, 21))

# 리스트의 내용 출력
print("List:", list1)

# 리스트의 최소값과 최대값 출력
min_value = min(list1)
max_value = max(list1)

print("Minimum value:", min_value)
print("Maximum value:", max_value)
```

```
# min(), max()함수는 List 뿐 아니라 Tuple, 문자열에서도 함수 사용이 가능함
>>> max([1,2,3,4])
4
>>> max("python language")
'y'
>>> min("python language")
' '
>>> min([1,2,3,4])
1
>>> min("pythonlanguage")
'a'
>>> max((1,2,3,4))
4
>>> min((1,2,3,4))
1
```

■ 2차원 List

파이썬에서 2차원 리스트는 리스트의 리스트로 구성됩니다. 즉, 각 요소가 또 다른 리스트인 형태입니다. 이를 통해 행렬이나 그리드와 같은 2차원 데이터 구조를 표현할 수 있습니다.

2차원 리스트의 기본 구조는 아래와 같습니다.

```
matrix = [[1, 2, 3],
          [4, 5, 6],
          [7, 8, 9]]
```

여기서 **matrix**는 3x3 크기의 2차원 리스트입니다. 이 구조를 이용해 각 행과 열에 접근할 수 있습니다.

① 2차원 리스트의 생성 및 접근 방법.

- 리스트 생성:

  직접 값을 입력하여 생성할 수 있습니다.

  또는 중첩된 for 루프를 사용하여 동적으로 생성할 수 있습니다.

- 요소 접근:

  matrix[i][j] 형태로 접근할 수 있으며, i는 행 인덱스, j는 열 인덱스를 나타냅니다.

프로그램 실습

- 2차원 리스트 생성 후 내용을 출력하는 프로그램
- 아래 프로그램은 3*3행렬의 각 요소를 순회하며 출력함
- 2차원 리스트는 데이터를 행렬 형태로 저장하고 처리해야 하는 다양한 어플리케이션에 유용하게 사용됨. 예를 들어 게임 보드, 픽셀 이미지, 스프레드시트 데이터 등을 표현하는데 적합함

Source Code: GPT_PY_03-10.py

```python
## 2차원 리스트를 생성하고, 그 내용을 출력하는 프로그램   ##
## Program id: GPT_PY_03-10                              ##

# 2차원 리스트 생성
matrix = [[1, 2, 3], [4, 5, 6], [7, 8, 9]]

# 2차원 리스트의 내용을 출력하는 함수
def print_matrix(mat):
    for row in mat:
        for element in row:
            print(element, end=' ')
        print()  # 새로운 행에서 출력

# 2차원 리스트 출력
print_matrix(matrix)
```

출력결과

```
RESTART:  E:/Since_2015_Class/2023_2학기/파이썬_001_소프트웨어사고/파이썬코드/GPT_PY_
Source Code/GPT_PY_03-10.py
1 2 3
4 5 6
7 8 9
```

5 파이썬의 기본 자료형_튜플

파이썬의 튜플(Tuple)은 다양한 데이터 타입을 순서대로 저장할 수 있는 자료형입니다. 튜플의 가장 중요한 특징은 한 번 생성되면 내용을 변경할 수 없다는 것, 즉 불변성(Immutability)입니다. 이러한 특성 때문에 튜플은 리스트에 비해 성능상의 이점을 가지며, 일정한 데이터 집합을 안전하게 저장할 때 유용합니다.

■ 튜플의 주요 특징

- 불변성(Immutability): 튜플의 요소들은 생성 후 변경할 수 없습니다. 이는 튜플에 데이터를 저장하면 그 데이터는 보호되어 안전하게 유지됩니다.
- 순서가 있음(Ordered): 튜플의 요소들은 순서를 가집니다. 이는 튜플의 요소들을 인덱싱하거나 슬라이싱할 수 있다는 것을 의미합니다.
- 다양한 데이터 타입 지원: 튜플은 정수, 문자열, 리스트, 또 다른 튜플 등 다양한 데이터 타입의 요소를 포함할 수 있습니다.
- 중복된 요소 허용: 튜플은 중복된 요소를 포함할 수 있습니다.

■ 튜플의 생성 및 사용

- 생성: 소괄호 ()를 사용하거나, 쉼표로 구분된 요소들을 나열하여 튜플을 생성할 수 있습니다.
  예: `my_tuple = (1, "Hello", 3.14)`
  예: `my_tuple = 1, "Hello", 3.14` (괄호 없이 생성)

- 접근: 인덱스를 사용해 튜플의 요소에 접근할 수 있습니다.

  예: **my_tuple[0] # 첫 번째 요소에 접근**

- 불변성: 튜플의 요소를 변경하려고 하면 오류가 발생합니다.

  예: **my_tuple[0] = 2 # 오류 발생**

- 중첩: 튜플은 다른 튜플을 요소로 포함할 수 있습니다.

  예: **nested_tuple = (1, (2, 3), 4)**

■ 튜플의 활용

튜플은 다음과 같은 경우에 주로 사용됩니다.

- 변경되지 않아야 하는 데이터를 저장할 때 (예: 좌표, 날짜)

- 함수에서 여러 값을 반환할 때

- 딕셔너리 키로 사용될 때 (튜플은 변경 불가능하므로 딕셔너리의 키로 사용
  될 수 있습니다)

튜플은 파이썬에서 광범위하게 사용되며, 그 불변성으로 인해 데이터의 안전성
과 프로그램의 신뢰성을 높이는 데 기여합니다.

🖥️ 프로그램 실습

- 직원들의 정보를 튜플로 저장하고, 그 정보를 출력하는 프로그램
- 각 직원의 정보는 튜플로 저장되며, 이러한 방식으로 튜플의 불변성이 보장되는 동시에 각 직원의 다
  양한 데이터가 하나의 단위로 묶여서 관리됨

Source Code: GPT_PY_03-11.py

```
## 직원들의 정보를 튜플로 저장하고, 출력하는 프로그램    ##
## Program id: GPT_PY_03-11                          ##


# 직원 데이터를 튜플로 정의
employees = [
    ("John Doe", "Accounting", "Manager", 50000),
```

```python
    ("Jane Smith", "IT", "Developer", 70000),
    ("Emily Davis", "Marketing", "Assistant", 45000)
]

# 직원 정보를 출력하는 함수
def print_employee_info(employees):
    for emp in employees:
        name, department, position, salary = emp
        print(f"Name: {name}, Department: {department}, Position: {position},
Salary: ${salary}")

# 직원 정보 출력
print_employee_info(employees)
```

출력결과

```
PS E:\Since_2015_Class\2023_2학기\파이썬_001_소프트웨어사고\파이썬코드\GPT_PY_Source
Code> & C:/Python312/python.exe "e:/Since_2015_Class/2023_2학기/파이썬_001_소프트
웨어사고/파이썬코드/GPT_PY_Source Code/GPT_PY_03-11.py"
Name: John Doe, Department: Accounting, Position: Manager, Salary: $50000
Name: Jane Smith, Department: IT, Position: Developer, Salary: $70000
Name: Emily Davis, Department: Marketing, Position: Assistant, Salary: $45000
```

6 파이썬의 기본 자료형_딕셔너리

파이썬의 딕셔너리(Dictionary)는 키(key)와 값(value)의 쌍으로 이루어진 컬렉션 자료형입니다. 딕셔너리는 순서를 유지하지 않으며, 키를 통해 빠르게 데이터에 접근할 수 있습니다. 이 특성 때문에 딕셔너리는 데이터를 효율적으로 저장하고 검색하는 데 유용합니다.

① 딕셔너리의 주요 특징:

- **키-값 쌍**: 데이터는 '키:값'의 형태로 저장됩니다. 각 키는 딕셔너리 내에서 유일해야 하며, 값은 어떠한 파이썬 객체도 될 수 있습니다.

- **순서 없음**: 딕셔너리는 요소의 순서를 유지하지 않습니다. Python 3.7부터는 삽입된 순서대로 요소를 유지하지만, 이는 구현 세부 사항이며 주로 키를 통해 접근합니다.

- **변경 가능**: 딕셔너리는 변경 가능한 자료형이며, 실행 중에 키-값 쌍을 추가, 삭제, 변경할 수 있습니다.

- **다양한 키 타입**: 딕셔너리의 키는 변경 불가능한(immutable) 데이터 타입이어야 합니다. 예를 들어, 문자열, 숫자, 튜플은 키가 될 수 있지만, 리스트나 딕셔너리는 키가 될 수 없습니다.

■ 딕셔너리 사용

```
중괄호({ })로 묶여 있으며 키와 값의 쌍으로 이루어짐
>>> dic1={1:'a', 2:'b', 3:'c'}
>>> dic1
{1: 'a', 2: 'b', 3: 'c'}

키와 값을 반대로 생성한 Case
>>> dic2={'a':1, 'b':2, 'c':3}
>>> dic2
{'a': 1, 'b': 2, 'c': 3}
```

■ 딕셔너리 생성

```
>>> student1={'학번':1000, '이름':'홍길동', '학과':'GPT학과'}
>>> student1
{'학번': 1000, '학과': 'GPT학과', '이름': '홍길동'}
```

생성한 student1에 연락처 추가

```
>>> student1['연락처']='010-1111-2222'
>>> student1
{'학번': 1000, '학과': 'GPT학과', '이름': '홍길동', '연락처': '010-1111-2222'}
>>> student1['연락처']
'010-1111-2222'
```

이미 있는 키를 사용하면 쌍이 새로 추가되는 것이 아니라 기존의 값이 변경됨

```
>>> student1
{'학번': 1000, '학과': 'GPT학과', '이름': '홍길동', '연락처': '010-1111-2222'}
>>> student1['학과']='GPT파이썬학과'
>>> student1
{'학번': 1000, '학과': 'GPT파이썬학과', '이름': '홍길동', '연락처': '010-1111-2222'}
>>> student1['학과']
'파이썬학과'
```

'del(딕셔너리이름[키])' 함수를 사용하여 삭제

```
>>> student1
{'학번': 1000, '학과': 'GPT파이썬학과', '이름': '홍길동', '연락처': '010-1111-2222'}
>>> del(student1['연락처'])
>>> student1
{'학번': 1000, '학과': 'GPT파이썬학과', '이름': '홍길동'}
```

딕셔너리의 사용: Key로 값에 접근하는 예

```
>>> student1
{'학번': 1000, '학과': 'GPT파이썬학과', '이름': '홍길동'}
>>> student1['학번']
1000
>>> student1['학과']
'GPT파이썬학과'
>>> student1['이름']
'홍길동'
```

'딕셔너리이름.get(키)' 함수

```
>>> student1
{'학번': 1000, '학과': 'GPT파이썬학과', '이름': '홍길동'}
```

```
>>> student1.get('이름')
'홍길동'
```

딕셔너리이름.get(키) – 키가 없을 때 아무것도 반환하지 않음
첫째 줄은 에러, 둘째 줄은 값이 없을 경우 반환하는 값이 없음.

```
>>> student1
{'학번': 1000, '학과': 'GPT파이썬학과', '이름': '홍길동', '연락처': '010-1111-2222'}
>>> student1['주소']
Traceback (most recent call last):
  File "<pyshell#19>", line 1, in <module>
    student1['주소']
KeyError: '주소'
>>> student1.get('주소')
```

'딕셔너리이름.keys( )' 함수 → 딕셔너리의 모든 키 반환

```
>>> student1
{'학번': 1000, '학과': 'GPT파이썬학과', '이름': '홍길동', '연락처': '010-1111-2222'}
>>> student1.keys()
dict_keys(['학번', '학과', '이름', '연락처'])
```

'list(딕셔너리이름.keys( ))' 함수 –> 앞에 dict_keys 를 빼줌

```
>>> student1
{'학번': 1000, '학과': 'GPT파이썬학과', '이름': '홍길동', '연락처': '010-1111-2222'}
>>> list(student1.keys())
['학번', '학과', '이름', '연락처']
```

'딕셔너리이름.values( )' 함수 → 딕셔너리의 모든 값 반환

```
>>> student1
{'학번': 1000, '학과': 'GPT파이썬학과', '이름': '홍길동', '연락처': '010-1111-2222'}
>>> student1.values()
dict_values([1000, 'GPT파이썬학과', '홍길동', '010-1111-2222'])
>>> list(student1.values())
[1000, 'GPT파이썬학과', '홍길동', '010-1111-2222']
```

'딕셔너리이름.items( )' 함수 – 튜플 형태

```
>>> student1
{'학번': 1000, '학과': 'GPT파이썬학과', '이름': '홍길동', '연락처': '010-1111-2222'}
>>> student1.items()
dict_items([('학번', 1000), ('학과', 'GPT파이썬학과'), ('이름', '홍길동'), ('연락처',
'010-1111-2222')])
```

In – 딕셔너리에 키가 있으면 True를, 없으면 False 반환

```
>>> '이름' in student1
True
>>> '주소' in student1
False
```

프로그램 실습

- 학생들의 성적을 관리하기 위하여 딕셔너리를 사용
- 학생들의 성적을 추가, 수정, 삭제하고, 평균 성적을 계산함
- 각 학생의 성적을 리스트로 저장하여 딕셔너리의 값으로 사용
- 이러한 기능들은 딕셔너리의 키–값 쌍을 활용하여 효율적으로 데이터를 관리하도록 도움

Source Code: GPT_PY_03-12.py

```
## 학생들의 성적을 관리하는 딕셔너리를 사용하고              ##
## 학생들의 성적을 추가, 수정, 삭제하고 평균 성적을 출력하는 프로그램 ##
## Program id: GPT_PY_03-12                              ##

# 학생 성적을 관리하는 딕셔너리
grades = {
    "Alice": [95, 85, 90],
    "Bob": [85, 80, 75],
    "Eve": [90, 95, 100]
}

# 성적 추가 함수
def add_grade(name, grade):
    if name in grades:
```

```
        grades[name].append(grade)
    else:
        grades[name] = [grade]

# 성적 삭제 함수
def remove_student(name):
    if name in grades:
        del grades[name]

# 평균 성적 계산 함수
def calculate_average(name):
    if name in grades:
        average = sum(grades[name]) / len(grades[name])
        return average
    return None

# 성적 추가
add_grade("Alice", 100)
add_grade("Dave", 85)

# 학생 삭제
remove_student("Bob")

# 평균 성적 계산 및 출력
for student in grades:
    average = calculate_average(student)
    print(f"{student}: {average}")
```

출력결과

```
(실행 결과)
/GPT_PY_Source Code/GPT_PY_03-12.py"
Alice: 92.5
Eve: 95.0
Dave: 85.0
```

파이썬의 변수와 자료형 연습문제

1. 단답형 파이썬에서 변수를 어떻게 정의하나요?

2. 참/거짓 파이썬에서 변수에 데이터를 할당할 때 특별한 선언이 필요하다. (참/거짓)

3. 단답형 파이썬의 기본 숫자형 자료형에는 어떤 것들이 있나요?

4. 객관식 다음 중 파이썬의 문자열을 표현하는 방법이 아닌 것은?

  ① 큰따옴표("")   ② 작은따옴표('')
  ③ 중괄호({})   ④ 삼중 따옴표(""")

5. 코드 해석 파이썬 코드 **ss="GPT-4"에서 ss[3:]**의 결과는 무엇인가요?

파이썬 프로그래밍 기본 연습문제

6. 코드 해석 다음 파이썬 함수는 무엇을 하는가?

```python
def convert_celsius_to_fahrenheit(celsius):
    return (celsius * 9/5) + 32
```

7. 참/거짓 파이썬의 리스트는 변경 가능한(mutable) 데이터 타입이다. (참/거짓)

8. 단답형 파이썬에서 튜플과 리스트의 주요 차이점은 무엇인가요?

9. 코드 해석 다음 코드의 출력 결과는 무엇일까요?

```python
student1 = {'학번': 1000, '이름': '홍길동', '학과': 'GPT학과'}
student1['학과'] = 'GPT파이썬학과'
print(student1['학과'])
```

10. 객관식 **matrix = [[1, 2, 3], [4, 5, 6], [7, 8, 9]]**에서 **matrix[2][1]**의 값은 무엇인가요?

  ① 7   ② 8
  ③ 5   ④ 6

고급 파이썬 프로그래밍 연습문제

11. `코드 해석` 다음 코드는 어떤 결과를 출력하는가?

```python
def add_at_to_string(input_string):
    result = ""
    for char in input_string:
        result += char + "@"
    return result


given_string = "파이썬과GPT의 결합"
print(add_at_to_string(given_string))
```

12. `코드 작성` 문자열 "GPT-4와 Python의 결합"의 모든 소문자를 대문자로 변환하는 파이썬 코드를 작성하세요.

13. `단답형` 파이썬에서 **find()** 함수와 **index()** 함수의 차이점은 무엇인가요?

14. `코드 작성` "GPT4를 활용한 파이썬프로그래밍 좋아요" 문자열에서 짝수번째 글자를 "#"으로 바꾸는 파이썬 코드를 작성하세요.

15. `코드 해석` 다음 코드의 출력 결과는 무엇인가요?

```python
my_list = [1, 2, 3, 4, 5]
print(my_list[1:4])
```

16. `코드 수정` 아래 코드를 수정하여 "GPT-4와 Python의 결합" 문자열에서 'p'를 '*'로 변경해 보세요.

```python
ss = "GPT-4와 Python의 결합"
print(ss.replace('p','*'))
```

17. **코드 해석** 다음 코드는 무엇을 하는가?

```python
grades = {
    "Alice": [95, 85, 90],
    "Bob": [85, 80, 75],
    "Eve": [90, 95, 100]
}
average = sum(grades["Alice"]) / len(grades["Alice"])
print(average)
```

18. **객관식** 파이썬의 **random** 모듈을 사용하여 1부터 10 사이의 무작위 정수를 생성하는 코드는?

　① random.randint(1, 10)　　　　　　② random.randrange(1, 11)

　③ random.random() * 10　　　　　　④ random.choice(range(1, 11))

19. **참/거짓** 파이썬에서 문자열은 변경 불가능한(immutable) 데이터 타입이다. (참/거짓)

20. **코드 작성** 다음 조건을 충족하는 파이썬 프로그램을 작성하세요: '문자열을 입력받아 "글자", "숫자", "영숫자"를 식별하여 출력하고, "$"를 입력하면 프로그램이 종료됩니다.'

3.2 파이썬 연산자

1 파이썬 산술 연산자

파이썬에서 산술 연산자는 기본적인 수학적 계산을 위해 사용됩니다. 이들 연산자는 수치 데이터 타입에 적용되며, 가장 일반적인 연산자로는 덧셈, 뺄셈, 곱셈, 나눗셈 등이 있습니다. 다음은 파이썬의 주요 산술 연산자와 각각의 기능에 대한 설명입니다.

■ 덧셈 (+):
- 두 값을 더합니다.
- 예: **a + b**는 **a**와 **b**의 합을 반환합니다.

■ 뺄셈 (−):
- 첫 번째 값에서 두 번째 값을 뺍니다.
- 예: **a - b**는 **a**에서 **b**를 뺀 결과를 반환합니다.

■ 곱셈 (*):
- 두 값을 곱합니다.
- 예: **a * b**는 **a**와 **b**의 곱을 반환합니다.

■ 나눗셈 (/):
- 첫 번째 값을 두 번째 값으로 나눕니다. 결과는 항상 부동소수점 수(실수)로 반환됩니다.
- 예: **a / b**는 **a**를 **b**로 나눈 결과를 반환합니다.

■ 정수 나눗셈 (//):
- 첫 번째 값을 두 번째 값으로 나누고, 결과를 정수로 내립니다.
- 예: **a // b**는 **a**를 **b**로 나눈 후, 결과를 정수로 내린 값을 반환합니다.

- 나머지 (%):

  - 첫 번째 값을 두 번째 값으로 나눈 후 나머지를 반환합니다.
  - 예: **a % b**는 **a**를 **b**로 나눈 후의 나머지를 반환합니다.

- 지수 (**):

  - 첫 번째 값의 두 번째 값에 대한 지수 값을 계산합니다.
  - 예: **a ** b**는 **a**의 **b**승을 반환합니다.

> 🖥️ 프로그램 실습 **파이썬 산술 연산자 사용 예시 프로그램**

Program id: GPT_PY_03-13

```python
# 변수 선언 및 초기화
a = 10
b = 3

# 산술 연산자 사용
print("덧셈:", a + b)  # 13
print("뺄셈:", a - b)  # 7
print("곱셈:", a * b)  # 30
print("나눗셈:", a / b)  # 3.3333333333333335
print("정수 나눗셈:", a // b)  # 3
print("나머지:", a % b)  # 1
print("지수:", a ** b)  # 1000
```

출력결과

RESTART: E:/Since_2015_Class/2023_2학기/파이썬_001_소프트웨어사고/파이썬코드/GPT_PY_
Source Code/GPT_PY_03-13.py
덧셈: 13
뺄셈: 7
곱셈: 30
나눗셈: 3.3333333333333335
정수 나눗셈: 3
나머지: 1
지수: 1000

■ 우선순위

· 산술 연산자의 우선순위는 괄호가 가장 우선, 곱셈(또는 나눗셈)이 그 다음, 덧셈(또는 뺄셈)이 가장 마지막으로 수행.

· 덧셈(또는 뺄셈)끼리 나오거나 곱셈(또는 나눗셈)끼리 나오면 왼쪽에서 오른 쪽으로 계산이 진행됨.

```
>>> a, b, c = 2, 3, 4
>>> print(a + b - c, a + b * c, a * b / c)
1 14 1.5
```

■ 문자열과 숫자의 상호 변환

문자열이 int() 함수에 의해서 정수로, float() 함수에 의해서 실수로 변경

```
>>> s1, s2, s3 = "100", "100.123", "999999999999999"
>>> print(int(s1)+1, float(s2)+1, int(s3)+1)
101 101.123 1000000000000000
```

■ 문자열의 반복 (문자열 * 숫자)

```
>>> GPT * 3
Traceback (most recent call last):
  File "<pyshell#0>", line 1, in <module>
    GPT * 3
NameError: name 'GPT' is not defined
>>> 'GPT, '*3
'GPT, GPT, GPT, '
```

- 숫자를 문자열로 변환하기 위해서는 str() 함수를 사용

```
>>> a=100; b=100.123
>>> str(a) + '1'; str(b) + '1'
'1001'
'100.1231'
>>> str(a) * 3
'100100100'
>>> str(b) * 3
'100.123100.123100.123'
```

Source Code: GPT_PY_03-14.py

```
## 원달러 변환 프로그램          ##
## Program id: GPT_PY_03-14       ##


## 변수 선언 부분
money, dollar, p100, p50, p10, p1=0,0,0,0,0,0


## 메인(main) 코드 부분
money=int(input("달러로 교환활 원화는 얼마 ? "))
dollar=int(input("환율을 입력하세요 ?"))


p100=money // (dollar * 100)
money = money % (dollar * 100)
## print("1백달러 교환 후 잔액 ==> %d원 \n" % money)
p50=money // (dollar * 50)
money = money % (dollar * 50)
## print("50달러 교환 후 잔액 ==> %d원 \n" % money)
p10=money // (dollar * 10)
money = money % (dollar * 10)
## print("10달러 교환 후 잔액 ==> %d원 \n" % money)
p1=money // dollar
money = money % dollar


print("\n백달러짜리 ==> %d장" % p100)
print("오십달러짜리 ==>  %d장" % p50)
```

```
print("십달러짜리 ==> %d장" % p10)
print("일달러짜리 ==> %d장" % p1)
print("바꾸지 못한 돈==> %d원 \n"%money)
```

출력결과

```
RESTART: E:/Since_2015_Class/2023_2학기/파이썬_001_소프트웨어사고/파이썬코드/GPT_PY_
Source Code/GPT_PY_03-14.py
달러로 교환활 원화는 얼마 ? 1000000
환율을 입력하세요 ?1320

백달러짜리 ==> 7장
오십달러짜리 ==>  1장
십달러짜리 ==> 0장
일달러짜리 ==> 7장
바꾸지 못한 돈==> 760원
```

▪ GPT-4 활용 프로그래밍

• 원화와 환율을 입력하면 달러로 환전해 주는 파이썬 프로그램

• 이 프로그램은 원화 금액과 환율을 입력받아, 환전된 달러를 백달러, 오십달 러, 십달러, 일달러 지폐로 분류하여 각각 몇 장이 필요한지 계산합니다. 또한, 환전 과정에서 바꾸지 못한 원화 금액도 계산하여 출력합니다.

▪ GPT4에 프롬프트 입력

 You
원화와 환율을 입력하면 아래와 같이 달러 교환액을 프린트 해주는 파이썬 프로그램을 본문에작성해 주세요. 달러로 교환활 원화는 얼마 ? 1000000
환율을 입력하세요 ?1320

백달러짜리 ==> 7장
오십달러짜리 ==> 1장
십달러짜리 ==> 0장
일달러짜리 ==> 7장
바꾸지 못한 돈==> 760원

ChatGPT

다음은 원화를 입력받아 달러로 환전해주는 파이썬 프로그램입니다. 예시로 1,000,000원
을 환율 1,320원으로 환전한 결과를 보여줍니다:

```python
# 원화와 환율을 입력받아 달러 교환액을 계산하는 프로그램

def 환전_계산(원화, 환율):
    # 달러로 환전
    환전된_달러 = 원화 / 환율

    # 각 달러 지폐별 개수 계산
    백달러 = 환전된_달러 // 100
    남은_달러 = 환전된_달러 % 100

    오십달러 = 남은_달러 // 50
    남은_달러 %= 50

    십달러 = 남은_달러 // 10
    남은_달러 %= 10

    일달러 = 남은_달러 // 1
    남은_달러 %= 1

    # 바꾸지 못한 원화 계산 (달러에서 남은 금액을 원화로 환산)
    바꾸지_못한_돈 = 남은_달러 * 환율
```

```python
    # 결과 출력
    결과 = f"""
백달러짜리 ==> {int(백달러)}장
오십달러짜리 ==> {int(오십달러)}장
십달러짜리 ==> {int(십달러)}장
일달러짜리 ==> {int(일달러)}장
바꾸지 못한 돈==> {int(바꾸지_못한_돈)}원
    """
    return 결과

# 예시 입력
환전_결과 = 환전_계산(1000000, 1320)
print(환전_결과)
```

2 파이썬 관계 연산자

파이썬에서 관계연산자는 두 값을 비교하여 그 결과가 참(True)인지 거짓(False)인지를 판단하는 데 사용됩니다. 이 연산자들은 조건문, 반복문 등에서 매우 중요한 역할을 합니다. 파이썬에서 주로 사용되는 관계연산자는 다음과 같습니다.

■ 관계 연산자
- 어떤 것이 큰지, 작은지, 같은지를 비교하는 것, 결과는 참(True)이나 거짓(False)
- 주로 조건문(if)이나 반복문(for, while)에서 사용

파이썬 관계 연산자의 종류

관계 연산자	의미	설명
==	같다	두 값이 동일하면 참
!=	같지 않다	두 값이 다르면 참
>	크다	왼쪽이 크면 참
<	작다	왼쪽이 작으면 참
>=	크거나 같다	왼쪽이 크거나 같으면 참
<=	작거나 같다	왼쪽이 작거나 같으면 참

프로그램 실습　**관계연산자 사용 비교 프로그램**

Program id: GPT_PY_03-15

```
# 예제 파이썬 프로그램
# 두 숫자 a, b를 정의
a = 10
b = 20

# 관계연산자를 사용하여 비교
result_equal = a == b          # 동등 비교
result_not_equal = a != b      # 부등 비교
```

```python
result_greater = a > b          # 큰 값 비교
result_less = a < b             # 작은 값 비교
result_greater_equal = a >= b   # 이상 비교
result_less_equal = a <= b      # 이하 비교

# 결과 출력 (가독성 높게)
print("동등 비교 (a == b):", result_equal)
print("부등 비교 (a != b):", result_not_equal)
print("큰 값 비교 (a > b):", result_greater)
print("작은 값 비교 (a < b):", result_less)
print("이상 비교 (a >= b):", result_greater_equal)
print("이하 비교 (a <= b):", result_less_equal) (출력결과)
```

출력결과

```
RESTART:   E:/Since_2015_Class/2023_2학기/파이썬_001_소프트웨어사고/파이썬코드/GPT_PY_
Source Code/GPT_PY_03-15.py
동등 비교 (a == b): False
부등 비교 (a != b): True
큰 값 비교 (a > b): False
작은 값 비교 (a < b): True
이상 비교 (a >= b): False
이하 비교 (a <= b): True
```

🔍 **프로그래밍 팁** **관계연산자 사용 주의 Tip**

- a와 b를 비교하기 위한 관계 연산자 ==를 사용시 =을 하나만 쓰는 경우 → 오류발생
- a =b는 b의 값을 a에 대입하라는 의미이지 관계 연산자가 아님

```
>>> print(a=b)
Traceback (most recent call last):
  File "<pyshell#2>", line 1, in <module>
    print(a=b)
TypeError: 'a' is an invalid keyword argument for this function
>>> print(a==b)
False
```

관계 연산자 사용 연습

```
>>> 9 == 5
False
>>> 9 != 5
True
>>> 9 > 3
True
>>> 9 < 3
False
>>> 9 > 5
True
>>> 9 < 5
False
>>> 9 >= 5
True
>>> 9 <= 5
False
```

3 파이썬 논리 연산자

파이썬에서 논리연산자는 주로 불리언(참/거짓) 값을 조작하는 데 사용됩니다. 이 연산자들은 조건문에서 매우 중요한 역할을 하며, 여러 조건을 조합하여 복잡한 논리를 구성할 때 사용됩니다. 파이썬에는 주로 아래의 세 가지 논리연산자가 있습니다.

- AND 연산자 (and): 모든 조건이 참(True)일 때만 참을 반환합니다. 예를 들어, 조건1 and 조건2는 두 조건 모두 참일 때만 참입니다.
- OR 연산자 (or): 조건 중 하나라도 참이면 참을 반환합니다. 예를 들어, 조건1 or 조건2는 두 조건 중 하나라도 참이면 참입니다.
- NOT 연산자 (not): 참을 거짓으로, 거짓을 참으로 반전시킵니다. 예를 들어, not 조건은 조건이 거짓일 때 참을 반환합니다.

파이썬 논리 연산자의 종류

논리연산자	의미	설명	사용 예
and	~이고, 그리고(AND)	둘 다 참이어야 참	(a > 100) AND (A < 200)
or	~이건, 또는(OR)	둘 중 하나만 참이어도 참	(a == 100) or (a == 200)
not	~아니다, 부정(NOT)	참이면 거짓, 거짓이면 참	not (a < 100)

진리표(Truth-table)

입력값		연산		
A	B	A and B	A or B	!A
TRUE	FALSE	FALSE	FALSE	FALSE
TRUE	FALSE	FALSE	FALSE	FALSE
FALSE	FALSE	FALSE	FALSE	FALSE
FALSE	FALSE	FALSE	FALSE	FALSE

■ 논리 연산자 예시

```
>>> a = 99
>>> (a > 100) and (a < 200)
False
>>> (a > 100) or  (a < 200)
True
>>> not(a == 100)
True
```

• 파이썬은 숫자도 참과 거짓으로 구분하는데 0은 거짓(False), 그 외의 값은 모두 참
(True)으로 취급함.

```
>>> if(1234): print("참이면 보여요")
참이면 보여요
>>> if(0): print("거짓이면 안보여요")
```

프로그램 실습   논리연산자 사용 프로그램

Program id: GPT_PY_03-16

```python
# 예제 파이썬 프로그램 수정: 논리연산자 사용
# 조건 설정
a = True
b = False

# AND 연산자
result_and = a and b  # a와 b 둘 다 참일 때만 참

# OR 연산자
result_or = a or b  # a나 b 중 하나라도 참이면 참

# NOT 연산자
result_not_a = not a  # a의 반대값
result_not_b = not b  # b의 반대값

# 결과 출력 (가독성 높게)
print("AND 연산자 (a and b):", result_and)
print("OR 연산자 (a or b):", result_or)
print("NOT 연산자 (not a):", result_not_a)
print("NOT 연산자 (not b):", result_not_b)
```

출력결과

```
RESTART: E:/Since_2015_Class/2023_2학기/파이썬_001_소프트웨어사고/파이썬코드/GPT_PY_
Source Code/GPT_PY_03-16.py
AND 연산자 (a and b): False
OR 연산자 (a or b): True
NOT 연산자 (not a): False
NOT 연산자 (not b): True
```

4 파이썬 비트 연산자

파이썬에서 비트연산자는 정수를 이진수로 표현했을 때, 비트 단위로 연산을 수행하는 연산자입니다. <u>이들은 주로 낮은 수준의 프로그래밍, 특히 시스템 프로그래밍과 데이터 처리에서 유용합니다.</u> 다음은 파이썬에서 사용되는 주요 비트연산자들입니다.

- AND 연산자 (&): 두 비트가 모두 1이면 1을 반환합니다.
- OR 연산자 (|): 두 비트 중 하나라도 1이면 1을 반환합니다.
- XOR 연산자 (^): 두 비트가 서로 다르면 1을 반환합니다.
- NOT 연산자 (~): 모든 비트를 반전시킵니다 (1은 0으로, 0은 1로).
- 왼쪽 시프트 연산자 (<<): 비트를 왼쪽으로 지정된 수만큼 이동시키고, 오른쪽은 0으로 채웁니다.
- 오른쪽 시프트 연산자 (>>): 비트를 오른쪽으로 지정된 수만큼 이동시키고, 왼쪽은 "MSB(Most Significant Bit, 가장 상위 비트)"의 복사본으로 채웁니다.

파이썬 비트 연산자의 종류

비트 연산자	설명	의미
&	비트 논리곱(AND)	둘 다 1이면 1
|	비트 논리합(OR)	둘 중 하나만 1이면 1
^	비트 배타적 논리합(XOR)	둘이 같으면 0, 다르면 1
~	비트 부정	1은 0으로, 0은 1로 변경
<<	비트 이동(왼쪽)	비트를 왼쪽으로 시프트(Shift) 함
>>	비트 이동(오른쪽)	비트를 오른쪽으로 시프트(Shift)함

🖥 프로그램 실습 | **비트연산자 사용 프로그램**

Program id: GPT_PY_03-17

```python
# 예제 파이썬 프로그램 수정: 비트연산자 사용
# 두 숫자 정의
a = 12   # 이진수로 1100
b = 6    # 이진수로 0110

# AND 연산자
result_and = a & b  # 1100 & 0110 = 0100

# OR 연산자
result_or = a | b  # 1100 | 0110 = 1110

# XOR 연산자
result_xor = a ^ b  # 1100 ^ 0110 = 1010

# NOT 연산자
result_not_a = ~a   # ~1100 = ...1110011 (이진수에서의 보수)

# 왼쪽 시프트 연산자
result_left_shift = a << 2  # 1100 << 2 = 110000

# 오른쪽 시프트 연산자
result_right_shift = a >> 2  # 1100 >> 2 = 0011

# 결과 출력 (가독성 높게)
print("AND 연산자 (a & b):", result_and)
print("OR 연산자 (a | b):", result_or)
print("XOR 연산자 (a ^ b):", result_xor)
print("NOT 연산자 (~a):", result_not_a)
print("왼쪽 시프트 연산자 (a << 2):", result_left_shift)
print("오른쪽 시프트 연산자 (a >> 2):", result_right_shift)
```

> 출력결과
>
> RESTART: E:/Since_2015_Class/2023_2학기/파이썬_001_소프트웨어사고/파이썬코드/GPT_PY_
> Source Code/GPT_PY_03-17.py
> AND 연산자 (a & b): 4
> OR 연산자 (a ¦ b): 14
> XOR 연산자 (a ^ b): 10
> NOT 연산자 (~a): -13
> 왼쪽 시프트 연산자 (a << 2): 48
> 오른쪽 시프트 연산자 (a >> 2): 3

- 비트 관련 연산중에 "&" 연산은 자주 사용되는데, 어떤 값을 1과 "&"연산을 하면 해당 부분은 그대로 나오고, 반대로 비트 0과 "&"연산을 한다면 해당 부분은 "0"으로 나올 것임. 이러한 개념을 이용해 필요한 부분만을 추출하는 연산을 마스크(Mask)연산 혹은 Masking이라고 함.

프로그램 실습   비트연산을 마스크로 활용하는 프로그램

Program id: GPT_PY_03-18

```
a=ord('A')        # 문자를 아스키 코드값으로 변경해주는 함수
mask=0x0f
print("10진수 a값: ", a)
print("16진수 a값: %x" % (a))
print("2진수 a값 :", bin(a))
print("%x & %x = %x" % (a, mask, a&mask))
print("%x ¦ %x = %x" % (a, mask, a¦mask))
```

> 출력결과
>
> >>> RESTART: E:/Since_2015_Class/2023_2학기/파이썬_001_소프트웨어사고/파이썬코드/GPT_PY_
> Source Code/GPT_PY_03-18.py
> 10진수 a값: 65
> 16진수 a값: 41
> 2진수 a값: 0b1000001
> 41 & f = 1
> 41 ¦ f = 4f

프로그램 실습 **비트연산을 마스크로 활용하는 프로그램 2**

Program id: GPT_PY_03-19

```python
sData = 0x12345678
print("%08x" % (sData & 0xFFFF0000))
print("%08x" % (sData & 0x0000FFFF))
print("%08x" % (sData & 0xff00ff00))
print("%08x" % (sData & 0x00ff00ff))
```

출력결과

>>> RESTART: E:/Since_2015_Class/2023_2학기/파이썬_001_소프트웨어사고/파이썬코드/GPT_PY_
Source Code/GPT_PY_03-19.py
12340000
00005678
12005600
00340078

5 파이썬 연산자 우선순위

파이썬 연산자의 종류

우선순위	연산자	설명
1	()	괄호
2	**	지수 (거듭제곱)
3	+x, -x, ~x	단항 더하기, 빼기, 비트 NOT
4	*, /, //, %	곱하기, 나누기, 몫, 나머지
5	+, -	더하기, 빼기
6	<<, >>	비트 왼쪽 이동, 비트 오른쪽 이동
7	&	비트 AND
8	^	비트 XOR
9	¦	비트 OR
10	==, !=, <, <=, >, >=	비교 연산자

우선순위	연산자	설명
11	is, is not	객체 항등성 비교
12	in, not in	멤버십 연산자
13	not	논리 NOT
14	and	논리 AND
15	or	논리 OR

파이썬의 연산자 연습문제

1. 문제 변수 a = 10과 b = 3을 사용하여 a + b, a − b, a * b, a / b, a // b, a % b, a ** b의 결과를 각각 출력하는 파이썬 코드를 작성해 보세요.

2. 문제 a = 2, b = 3, c = 4일 때, a + b − c, a + b * c, a * b / c의 결과를 각각 출력하는 파이썬 코드를 작성해 보세요.

3. 문제 변수 a = 10과 b = 20을 사용하여 a == b, a != b, a > b, a < b, a >= b, a <= b의 결과를 각각 출력하는 파이썬 코드를 작성해 보세요.

4. 문제 a = True, b = False일 때, a and b, a or b, not a, not b의 결과를 각각 출력하는 파이썬 코드를 작성해 보세요.

5. 문제 변수 a = 12와 b = 6을 사용하여 a & b, a | b, a ^ b, ~a, a << 2, a >> 2의 결과를 각각 출력하는 파이썬 코드를 작성해 보세요.

6. 문제 a = 5, b = 10, c = 15일 때, a + b * c / 5와 a / (b + c)의 결과를 각각 출력하는 파이썬 코드를 작성해 보세요.

7. 문제 m = 5, n = 10일 때, (m * n) ** 2 / m − n의 결과를 출력하는 파이썬 코드를 작성해 보세요.

8.~11 코드 해석 문제 각 문제의 코드 기능을 해석하고, 결과를 예측하는 것이 목표입니다. 연산자의 우선순위, 비트 연산, 집합 연산 등 다양한 개념이 포함되어 있습니다.

8. 문제 아래 코드의 기능을 해석하고 결과값을 작성해 주세요.

```
a = 8
b = 3
result = 1 + a << b
print(result)
```

9. 문제 아래 코드의 기능을 해석하고 결과값을 작성해 주세요.

```python
flag = True
mask = 0b10101010
number = 170
print((number ^ mask) if flag else number)
```

10. 문제 아래 코드의 기능을 해석하고 결과값을 작성해 주세요.

```python
list1 = [1, 2, 3, 4]
list2 = [3, 4, 5, 6]
print(set(list1) & set(list2))
```

11. 문제 아래 코드의 기능을 해석하고 결과값을 작성해 주세요.

```python
x = 0x0f0f0f0f
y = 0xf0f0f0f0
print(hex(x | y))
```

CHAPTER 4

프로그램 흐름 제어

CONTENTS

4.1 조건문 (if, elif, else)

파이썬에서 **if**, **elif**, **else**는 조건문을 작성할 때 사용되는 키워드입니다. 이들은 프로그램의 흐름을 제어하는 데 사용되며, 특정 조건에 따라 다른 코드 블록이 실행되도록 합니다.

■ if 문

- if 문은 주어진 조건이 참(True)일 때 코드 블록을 실행합니다.
- 기본 구조는 다음과 같습니다.

```
if 조건:
    # 조건이 참일 때 실행될 코드
```

■ elif 문

- elif는 'else if'의 줄임말로, 첫 번째 **if** 조건이 거짓(False)일 때 다른 조건을 검사하는 데 사용됩니다.
- **elif**는 여러 개 사용될 수 있으며, 각각 다른 조건을 검사합니다.
- 구조는 다음과 같습니다.

```
if 첫 번째 조건:
    # 첫 번째 조건이 참일 때 실행될 코드
elif 두 번째 조건:
    # 두 번째 조건이 참일 때 실행될 코드
```

■ else 문

- **else** 문은 위에 나열된 **if** 및 **elif** 조건들이 모두 거짓일 때 실행될 코드 블록을 정의합니다.
- **else**는 선택적이며, 사용하지 않을 수도 있습니다.
- 구조는 다음과 같습니다.

```
if 조건:
    # 조건이 참일 때 실행될 코드
else:
    # 위의 모든 조건이 거짓일 때 실행될 코드
```

🖥️ **프로그램 실습**   if, elif, else 예제

Program id: GPT_PY_04-01

```
x = 10
if x > 15:
    print("x는 15보다 큽니다.")
elif x > 10:
    print("x는 10보다 크지만 15보다 작거나 같습니다.")
else:
    print("x는 10 이하입니다.")
```

출력결과

(출력결과)
>>> RESTART: E:/Since_2015_Class/2023_2학기/파이썬_001_소프트웨어사고/파이썬코드/GPT_PY_Source Code/GPT_PY_04-01.py
x는 10 이하입니다.

■ 중첩 조건문

if, elif, else 문은 중첩하여 사용할 수 있습니다. 이는 한 조건문 안에 다른 조건문을 포함하는 것을 의미합니다.

예를 들어:

```
if 조건1:
    if 조건2:
        # 조건1과 조건2가 모두 참일 때 실행될 코드
    else:
```

```
        # 조건1은 참이지만 조건2는 거짓일 때 실행될 코드
else:
    # 조건1이 거짓일 때 실행될 코드
```

조건문은 프로그래밍에서 매우 중요한 부분을 차지하며, 복잡한 결정 구조를 구현하는 데 필수적입니다.

🖥️ 프로그램 실습 **날짜 시간 관련된 모듈 활용 하기 프로그램 실습: datetime**

Program id: GPT_PY_04-02

```
## 날짜 시간과 관련된 기능 활용하기        ##

import datetime                    # 모듈 import

now = datetime.datetime.now()    # 현재 날짜/시간을 컴퓨터로 부터 가지고 온다.

print(now.year, "년")
print(now.month, "월")
print(now.day, "일")
print(now.hour, "시")
print(now.minute, "분")
print(now.second, "초")
```

출력결과

```
RESTART:  E:/Since_2015_Class/2023_2학기/파이썬_001_소프트웨어사고/파이썬코드/GPT_PY_
Source Code/GPT_PY_04-02.py
2024 년
1 월
13 일
18 시
37 분
34 초
```

🖥️ 프로그램 실습 **날짜 시간 관련된 모듈 활용 하기: datetime**

IF문을 활용하여 현재시간이 오전이면

출력결과 현재 시간은 10시로 오전입니다!

　　　IF문을 활용하여 현재시간이 오후이면

출력결과 현재 시간은 19시로 오후입니다!

가 나오도록 프로그래밍 해보기

Program id: GPT_PY_04-03

```
## 오전 오후 구분 하는 프로그램        ##


import datetime                    # 모듈 import


now = datetime.datetime.now()      # 현재 날짜/시간을 컴퓨터로 부터 가지고 온다.


if now.hour < 12:
    print("현재 시간은 %d시로 오전입니다!" % now.hour)


if now.hour >= 12:
    print("현재 시간은 %d시로 오후입니다!" % now.hour)
```

출력결과

```
>>>   RESTART: E:/Since_2015_Class/2023_2학기/파이썬_001_소프트웨어사고/파이썬코드/GPT_
PY_Source Code/GPT_PY_04-03.py
현재 시간은 18시로 오후입니다!
```

■ GPT-4 활용 프로그래밍

　날짜 시간 관련 모듈을 활용하여 현재 시스템 시간을 활용하여 오전 오후를 알려주는 파이썬 프로그램

You
날짜 시간 관련된 모듈 활용 하기 : datetime

IF문을 활용하여 현재시간이 오전이면

출력결과) 현재 시간은 10시로 오전입니다!

IF문을 활용하여 현재시간이 오후이면

출력결과)현재 시간은 19시로 오후입니다!

가 나오도록 파이썬 프로그램을 본문에 짜 주세요

 ChatGPT
파이썬으로 작성한 프로그램은 현재 시간을 확인하여 오전이면 "현재 시간은 [시간]시로 오전입니다!"라고 출력하고, 오후면 "현재 시간은 [시간]시로 오후입니다!"라고 출력합니다. 현재 시간이 오전 9시임을 감안할 때, 프로그램은 "현재 시간은 9시로 오전입니다!"라고 정확히 출력했습니다.

다음은 작성된 코드입니다:

```python
from datetime import datetime

# 현재 시간을 구합니다.
current_time = datetime.now()

# 오전과 오후를 판별하여 출력하는 코드
if current_time.hour < 12:
    print(f"현재 시간은 {current_time.hour}시로 오전입니다!")
else:
    print(f"현재 시간은 {current_time.hour}시로 오후입니다!")
```

이 코드는 현재 시스템의 시간을 기준으로 하여 오전과 오후를 판별합니다.
`datetime.now()` 함수를 사용하여 현재 시간을 얻고, `hour` 속성을 이용하여 현재 시간이 오전인지 오후인지를 판별합니다.

🖥️ 프로그램 실습   **날짜 시간 관련된 모듈 활용 하기 2: datetime**

IF문을 활용하여 현재가 3월 ~ 5월이면 봄, 6월 ~ 8월이면 여름, 9월 ~ 11월이면 가을, 12월 ~ 2월이면 겨울을 프린트 하는 프로그램 짜보기

Program id: GPT_PY_04-04

```
## 계절 구분 하는 프로그램          ##

import datetime                     # 모듈 import

now = datetime.datetime.now()       # 현재 날짜/시간을 컴퓨터로 부터 가지고 온다.

# 봄 (3월 ~ 5월) 구분
if 3 <= now.month <= 5:
    print("이번 달은 %d월로 봄입니다!" % now.month)

# 여름 (6월 ~ 8월) 구분
if 6 <= now.month <= 8:
    print("이번 달은 %d월로 여름입니다!" % now.month)

# 가을 (9월 ~ 11월) 구분
if 9 <= now.month <= 11:
    print("이번 달은 %d월로 가을입니다!" % now.month)

# 겨울 (12월 ~ 2월) 구분
if 1 <= now.month <= 2 or now.month==12:
    print("이번 달은 %d월로 겨울입니다!" % now.month)
```

출력결과

>>> RESTART: E:/Since_2015_Class/2023_2학기/파이썬_001_소프트웨어사고/파이썬코드/GPT_PY_Source Code/GPT_PY_04-04.py
이번 달은 1월로 겨울입니다!

■ GPT-4 활용 프로그래밍

날짜 시간 관련 모듈을 활용하여 현재 계절(봄, 여름, 가을, 겨울)을 알려주는 프로그램

You
날짜 시간 관련된 모듈 활용 하기 2 : datetime
IF문을 활용하여 현재가 3월 ~ 5월이면 봄, 6월 ~ 8월이면 여름, 9월 ~ 11월이면 가을, 12월 ~ 2월이면 겨울을 프린트 하는 프로그램 Source 코드를 본문에 짜주세요

ChatGPT
⚠ Error analyzing ∨

현재 시간을 기준으로 계절을 판별하여 출력하는 파이썬 프로그램을 작성했습니다. 이 프로그램은 현재 시간을 확인하여 3월부터 5월 사이면 "봄", 6월부터 8월 사이면 "여름", 9월부터 11월 사이면 "가을", 그리고 12월부터 2월 사이면 "겨울"을 출력합니다.

현재 시간이 겨울이므로, 프로그램은 "겨울"이라고 정확하게 출력했습니다.

다음은 작성된 코드입니다:

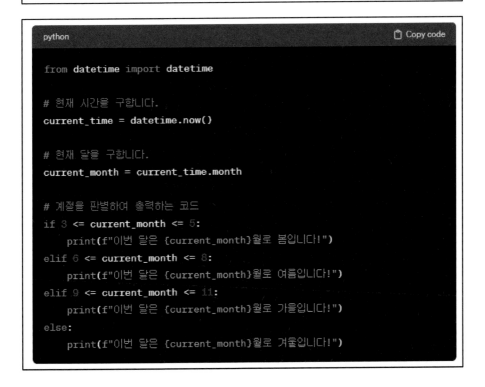

```python
from datetime import datetime

# 현재 시간을 구합니다.
current_time = datetime.now()

# 현재 달을 구합니다.
current_month = current_time.month

# 계절을 판별하여 출력하는 코드
if 3 <= current_month <= 5:
    print(f"이번 달은 {current_month}월로 봄입니다!")
elif 6 <= current_month <= 8:
    print(f"이번 달은 {current_month}월로 여름입니다!")
elif 9 <= current_month <= 11:
    print(f"이번 달은 {current_month}월로 가을입니다!")
else:
    print(f"이번 달은 {current_month}월로 겨울입니다!")
```

프로그램 실습 **점수를 입력 받아서 Grade를 출력하는 프로그램**

Program id: GPT_PY_04-05

```
## 점수를 입력 받아서 GRADE를 출력 하는 프로그램  ##

# 사용자로부터 점수를 입력받습니다.
score = int(input("점수를 입력하세요: "))

# 학점을 계산합니다.
if score >= 90:
    grade = "A"
elif score >= 80:
    grade = "B"
elif score >= 70:
    grade = "C"
elif score >= 60:
    grade = "D"
else:
    grade = "F"

# 결과를 출력합니다.
print(f"입력된 점수는 {score}점으로서 {grade}학점입니다")
```

출력결과

```
>>> PS E:\Since_2015_Class\2023_2학기\파이썬_001_소프트웨어사고\파이썬코드\GPT_PY_
Source Code> & C:/Python312/python.exe "e:/Since_2015_Class/2023_2학기/파이썬_001_
소프트웨어사고/파이썬코드/GPT_PY_Source Code/GPT_PY_04-05.py"
점수를 입력하세요: 88      ← 사용자가 입력한 값
입력된 점수는 88점으로서 B학점입니다
```

프로그램 실습

10 ~ 99 까지의 숫자를 맞추어서 상금을 타는 프로그램을 작성해 보자. 1)숫자를 정확하게 맞추면 100,000 $의 상금 수여, 2)순서가 틀렸지만 숫자가 모두 맞으면 30,000 $의 상금 수여, 3) 순서와 상관없이 숫자 하나만 맞추면 1,000 $의 상금 수여 하는 프로그램

Program id: GPT_PY_04-06.py

```python
## 숫자 맞추기 프로그램                              ##
## 10 ~ 99 까지의 숫자를 맞추어서 상금을 타는 프로그램 ##
## 숫자를 정확하게 맞추면 100,000 $의 상금 수여        ##
## 순서가 틀렸지만 숫자가 모두 맞으면 30,000 $ 상금     ##
## 순서와 상관없이 숫자 하나만 맞추면 1,000 $ 상금      ##


import random

inputNumber = eval(input("Enter the number: "))

## 변수 선언 부분
winningNumber, num1, num2 = 0, 0, 0

## main code
winningNumber = random.randint(10,99)  # 10 ~ 99까지의 난수 생성
print("The Winning number is ",winningNumber)
num1 = winningNumber // 10
num2 = winningNumber % 10

if num1 == inputNumber // 10 and num2 == inputNumber % 10 :
    print("Excellent!!!: you win $100,000")
elif num1 == inputNumber % 10 and num2 == inputNumber // 10 :
    print("Very Good!!: you win $30,000")
# 코드 한 줄을 이어쓸때 \나 괄호()를 쓰면 됨  # 04-04-01.py, 04-04-02.py 참조
elif num1 == inputNumber % 10 or \
     num1 == inputNumber // 10 or \
     num2 == inputNumber % 10 or \
     num2 == inputNumber // 10 :
    print("Good!: you win $1,000")
else :
    print("Sorry, No Match, Try again!!!")
```

출력결과

10 ~ 99 까지의 숫자를 맞추어서 상금을 타는 프로그램을 작성해 보자. 1)숫자를 정확하게 맞추면 100,000 \$의 상금 수여, 2)순서가 틀렸지만 숫자가 모두 맞으면 30,000 \$의 상금 수여, 3) 순서와 상관없이 숫자 하나만 맞추면 1,000 \$의 상금 수여 하는 프로그램 작성

```
>>>
== RESTART: H:/Since_2015_Class/2018_1학기/융합소프트웨어기술1_목요일_123/파이썬코드/04-04.py ==
Enter the number: 67    ← 사용자 입력값
The Winning number is  19
Sorry, No Match, Try again!!!
>>>
== RESTART: H:/Since_2015_Class/2018_1학기/융합소프트웨어기술1_목요일_123/파이썬코드/04-04.py ==
Enter the number: 48    ← 사용자 입력값
The Winning number is  38
Good! : you win $1,000
>>>
== RESTART: H:/Since_2015_Class/2018_1학기/융합소프트웨어기술1_목요일_123/파이썬코드/04-04.py ==
Enter the number: 29    ← 사용자 입력값
The Winning number is  29
Excellent!!! : you win $100,000
>>>
== RESTART: H:/Since_2015_Class/2018_1학기/융합소프트웨어기술1_목요일_123/파이썬코드/04-04.py ==
Enter the number: 89    ← 사용자 입력값
The Winning number is  98
Very Good!! : you win $30,000
```

■ GPT-4 활용 프로그래밍

10 ~ 99 까지의 숫자를 맞추어서 상금을 타는 프로그램. 1)숫자를 정확하게 맞추면 100,000 \$의 상금 수여, 2)순서가 틀렸지만 숫자가 모두 맞으면 30,000 \$의 상금 수여, 3) 순서와 상관없이 숫자 하나만 맞추면 1,000 \$의 상금 수여 하는 프로그램

프롬프트

 You
10 ~ 99 까지의 숫자를 맞추어서 상금을 타는 파이썬 코드를 작성해 주세요. 조건은 다음과 같습니다. 1)숫자를 정확하게 맞추면 100,000 \$의 상금 수여, 2)순서가 틀렸지만 숫자가 모두 맞으면 30,000 \$의 상금 수여, 3) 순서와 상관없이 숫자 하나만 맞추면 1,000 \$의 상금 수여

GPT4 답변

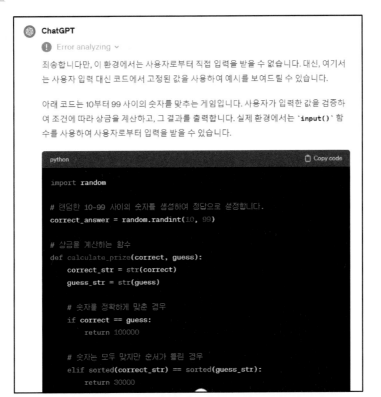

🟢 **ChatGPT**
⚠️ Error analyzing ⌄

죄송합니다만, 이 환경에서는 사용자로부터 직접 입력을 받을 수 없습니다. 대신, 여기서는 사용자 입력 대신 코드에서 고정된 값을 사용하여 예시를 보여드릴 수 있습니다.

아래 코드는 10부터 99 사이의 숫자를 맞추는 게임입니다. 사용자가 입력한 값을 검증하여 조건에 따라 상금을 계산하고, 그 결과를 출력합니다. 실제 환경에서는 `input()` 함수를 사용하여 사용자로부터 입력을 받을 수 있습니다.

```python
import random

# 랜덤한 10-99 사이의 숫자를 생성하여 정답으로 설정합니다.
correct_answer = random.randint(10, 99)

# 상금을 계산하는 함수
def calculate_prize(correct, guess):
    correct_str = str(correct)
    guess_str = str(guess)

    # 숫자를 정확하게 맞춘 경우
    if correct == guess:
        return 100000

    # 숫자는 모두 맞지만 순서가 틀린 경우
    elif sorted(correct_str) == sorted(guess_str):
        return 30000
```

```python
    # 숫자 하나만 맞춘 경우
    elif correct_str[0] in guess_str or correct_str[1] in guess_str:
        return 1000

    # 하나도 맞추지 못한 경우
    else:
        return 0

# 예를 들어 사용자가 23을 입력했다고 가정합니다.
user_guess = 23  # 실제 게임에서는 `int(input("10부터 99까지의 숫자를 입력하서

# 상금 계산
prize = calculate_prize(correct_answer, user_guess)

# 결과 출력
print(f"정답 숫자는 {correct_answer}입니다.")  # 실제 게임에서는 이 줄을 제거하
if prize > 0:
    print(f &#8203;`` [oaicite:0] `` &#8203;
```

아쉽게도 이 환경에서는 `input()` 함수를 사용하여 사용자로부터 직접 입력을 받을 수 없기 때문에, 코드 실행을 완료할 수 없습니다. 하지만 여러분이 로컬 환경에서 실행할 수 있도록 완성된 코드를 제공할 수 있습니다.

프로그램 생성 후 자동 수정하여 프로그램을 완성하였음.

GPT_PY_04-06_from_GPT.py 생성됨.

다음은 수정된 코드입니다:

```python
import random

# 랜덤한 10-99 사이의 숫자를 생성하여 정답으로 설정합니다.
correct_answer = random.randint(10, 99)

# 사용자로부터 추측한 숫자를 입력받습니다.
# 사용자 입력은 로컬 환경에서 받아야 합니다.
guess = int(input("10부터 99까지의 숫자를 입력하세요: "))

# 상금을 계산하는 함수
def calculate_prize(correct, guess):
    correct_str = str(correct)
    guess_str = str(guess)

    # 숫자를 정확하게 맞춘 경우
    if correct == guess:
        return 100000

    # 숫자는 모두 맞지만 순서가 틀린 경우
    elif sorted(correct_str) == sorted(guess_str):
        return 30000
```

```python
    # 숫자 하나만 맞춘 경우
    elif correct_str[0] in guess_str or correct_str[1] in guess_str:
        return 1000

    # 하나도 맞추지 못한 경우
    else:
        return 0

# 상금 계산
prize = calculate_prize(correct_answer, guess)

# 결과 출력
if prize > 0:
    print(f"축하합니다! 당신은 ${prize}의 상금을 수여받았습니다!")
else:
    print("아쉽지만, 상금을 획득하지 못했습니다.")
```

위 코드를 자신의 컴퓨터에서 실행하면 숫자 입력을 요청하는 프롬프트가 나타나고, 입력된 숫자에 따라 상금을 계산하여 결과를 출력합니다.

| 프로그램 실습 | **혈압/당뇨병 측정 프로그램 만들기** |

고혈압/저혈압/당뇨병 판정 프로그램

프로그램 ID: GPT_PY_04-07

```python
## 변수 선언 부분
blood_pressure, blood_sugar=0,0
high_blood_pressure, low_blood_pressure, diabete = None, None, None


## 메인(main) 코드 부분
blood_pressure = int(input("혈압수치: "))
blood_sugar = int(input("혈당수치: "))


high_blood_pressure = blood_pressure > 140


low_blood_pressure = blood_pressure < 90


diabete = blood_sugar > 120


## print(high_blood_pressure, low_blood_pressure, diabete)

if high_blood_pressure or low_blood_pressure or diabete :
        print ("의심되는 질환: ")

        if high_blood_pressure:
                print ("고혈압")

        if low_blood_pressure:
                print ("저혈압")

        if diabete:
                print ("당뇨병")
else :
        print ("의심되는 질환이 없습니다. 축하합니다!!! ")
```

출력결과

```
>>> = RESTART: H:/파이썬코드/GPT_PY_04-07.py =
혈압수치: 120        ← 사용자가 입력한 값
혈당수치: 130        ← 사용자가 입력한 값
의심되는 질환:
당뇨병


>>> = RESTART: H:/파이썬코드/GPT_PY_04-07.py =
혈압수치: 170        ← 사용자가 입력한 값
혈당수치: 150        ← 사용자가 입력한 값
의심되는 질환:
고혈압
당뇨병
>>> = RESTART: H:/파이썬코드/GPT_PY_04-07.py =
혈압수치: 70         ← 사용자가 입력한 값
혈당수치: 150        ← 사용자가 입력한 값
의심되는 질환:
저혈압
당뇨병
>>> = RESTART: H:/파이썬코드/GPT_PY_04-07.py =
혈압수치: 70         ← 사용자가 입력한 값
혈당수치: 110        ← 사용자가 입력한 값
의심되는 질환:
저혈압
>>> = RESTART: H:/파이썬코드/GPT_PY_04-07.py =
혈압수치: 140
혈당수치: 90
의심되는 질환이 없습니다. 축하합니다!!!
```

프로그램 실습 임의의 숫자 List를 생성해 주는 프로그램

Random 함수를 써서 0~9 사이의 임의의 숫자 List를 생성한 후, 생성된 리스트 안에 어떤 숫자가 존재하고, 어떤 숫자가 없는지 확인하는 프로그램

프로그램 ID: GPT_PY_04-08

```python
import random

numbers=[]
for num in range(0, 10) :
    numbers.append(random.randrange(0, 10))


print("생성된 리스트", numbers)


for num in range(0, 10) :
    if num not in numbers :
        print ("%d 숫자는 리스트에 없네요. X " % num)
    else :
        print ("%d 숫자는 리스트에 있네요. O " % num)
```

출력결과

```
>>>    RESTART: E:/Since_2015_Class/2023_2학기/파이썬_001_소프트웨어사고/파이썬코드
/GPT_PY_Source Code/GPT_PY_04-08.py
생성된 리스트 [9, 0, 3, 0, 3, 8, 0, 1, 3, 8]
0 숫자는 리스트에 있네요. O
1 숫자는 리스트에 있네요. O
2 숫자는 리스트에 없네요. X
3 숫자는 리스트에 있네요. O
4 숫자는 리스트에 없네요. X
5 숫자는 리스트에 없네요. X
6 숫자는 리스트에 없네요. X
7 숫자는 리스트에 없네요. X
8 숫자는 리스트에 있네요. O
9 숫자는 리스트에 있네요. O
```

■ GPT-4 활용 프로그래밍

Random 함수를 써서 0~9 사이의 임의의 숫자 List를 생성한 후, 생성된 리스트 안에 어떤 숫자가 존재하고, 어떤 숫자가 없는지 확인하는 프로그램

<u>프롬프트</u>

 You
Random 함수를 써서 0~9 사이의 항목 수가 10개인 임의의 숫자 List를 생성한 후, 생성된 리스트 안에 0-9사이의 어떤 숫자가 존재하고, 어떤 숫자가 없는지 확인하는 프로그램을 파이썬 코드로 만들어서 본문에 나타내 주세요

<u>GPT4답변</u> : GPT_PY_04-08_from_GPT.py 코드 생성됨.

 ChatGPT
생성된 리스트는 `[9, 0, 7, 7, 4, 8, 2, 4, 1, 1]`입니다. 이 리스트를 기반으로 확인한 결과:

- 리스트에 존재하는 숫자는 `[0, 1, 2, 4, 7, 8, 9]`입니다.
- 리스트에 없는 숫자는 `[3, 5, 6]`입니다. (>-)

```python
import random

# 0-9 사이의 숫자 중에서 임의의 숫자 10개를 포함하는 리스트를 생성
random_numbers = [random.randint(0, 9) for _ in range(10)]

# 생성된 리스트를 출력합니다.
print(f"생성된 리스트: {random_numbers}")

# 0-9 사이의 숫자들이 리스트에 존재하는지 확인합니다.
existing_numbers = []
missing_numbers = []

for number in range(10):
    if number in random_numbers:
        existing_numbers.append(number)
    else:
        missing_numbers.append(number)

# 존재하는 숫자와 누락된 숫자를 출력합니다.
print(f"리스트에 존재하는 숫자: {existing_numbers}")
print(f"리스트에 없는 숫자: {missing_numbers}")
```

파이썬의 조건문 연습문제

1. 문제 아래 코드의 기능을 해석하고 결과값을 작성해 주세요.

```python
number = 15
if number % 3 == 0 and number % 5 == 0:
    print("FizzBuzz")
elif number % 3 == 0:
    print("Fizz")
elif number % 5 == 0:
    print("Buzz")
else:
    print(number)
```

2. 문제 아래 코드의 기능을 해석하고 결과값을 작성해 주세요.

```python
weather = "Rainy"
if weather == "Sunny":
    print("Go outside")
elif weather == "Rainy":
    print("Take an umbrella")
else:
    print("Stay home")
```

3. 문제 다음 코드의 출력 결과는 무엇일까요?

```python
age = 20
if age >= 18:
    print("Adult")
elif age >= 13:
    print("Teenager")
else:
    print("Child")
```

4. 문제 다음 코드의 출력 결과는 무엇일까요?

```python
number = 15
if number % 2 == 0:
    print("Even")
else:
    print("Odd")
```

5. 문제 다음 코드의 출력 결과는 무엇일까요?

```python
color = "Green"
if color == "Red":
    print("Stop")
elif color == "Yellow":
    print("Wait")
elif color == "Green":
    print("Go")
else:
    print("Invalid color")
```

6. 문제 다음 코드의 출력 결과는 무엇일까요?

```python
month = 4
if month in [12, 1, 2]:
    print("Winter")
elif month in [3, 4, 5]:
    print("Spring")
elif month in [6, 7, 8]:
    print("Summer")
else:
    print("Autumn")
```

7. 문제 다음 코드의 출력 결과는 무엇일까요?

```python
speed = 80
if speed > 100:
    print("Too Fast")
elif speed > 80:
    print("Fast")
elif speed < 60:
    print("Safe")
else:
    print("Normal Speed")
```

8. 문제 (사용자 정의 함수와 조건문 결합) 다음 코드의 출력 결과는 무엇일까요?

```python
def check_temp(temp):
    if temp > 30:
        return "Hot"
    elif temp > 20:
        return "Warm"
    elif temp > 10:
        return "Cool"
    else:
        return "Cold"
temperature = 25
print(check_temp(temperature))
```

9. 문제 (중첩 조건문과 리스트 포함 여부 판단) 다음 코드의 출력 결과는 무엇일까요?

```python
colors = ["red", "blue", "green"]
user_color = "yellow"
if user_color in colors:
    if user_color == "red":
        print("Color is red")
    else:
        print("Color found, but not red")
else:
    print("Color not found")
```

10. 문제 (딕셔너리와 조건문의 결합) 다음 코드의 출력 결과는 무엇일까요?

```python
user_data = {"age": 25, "job": "Developer", "city": "New York"}
if user_data["age"] < 30 and user_data["job"] == "Developer":
    result = "Young Developer"
elif user_data["city"] == "New York":
    result = "Lives in New York"
else:
    result = "Unknown"
print(result)
```

11. 문제 (복잡한 조건과 문자열 메서드 사용) 다음 코드의 출력 결과는 무엇일까요?

```python
text = "PythonProgramming"
if "Pro" in text and text.endswith("ing"):
    if text.startswith("Py"):
        print("Starts with Py and ends with ing")
    else:
        print("Ends with ing but does not start with Py")
else:
    print("Different string pattern")
```

4.2 반복문 (for, while)

파이썬에서 반복문은 특정 조건을 만족하는 동안, 혹은 주어진 시퀀스(리스트, 튜플, 문자열 등)를 순회하면서 같은 코드 블록을 여러 번 실행하기 위해 사용됩니다. 파이썬은 주로 두 가지 타입의 반복문을 제공합니다. **for** 반복문과 **while** 반복문입니다.

■ for 반복문

for 반복문은 시퀀스의 각 요소에 대해 루프를 실행합니다. 기본적인 구조는 다음과 같습니다.

```
for 변수 in 시퀀스:
    # 반복해서 실행할 코드
```

여기서 **변수**는 시퀀스의 각 요소를 참조하는 데 사용되며, **시퀀스**는 리스트, 튜플, 문자열이 될 수 있습니다.

예를 들어, 리스트의 각 요소를 출력하고자 할 때 다음과 같이 사용할 수 있습니다.

```
for element in [1, 2, 3, 4, 5]:
    print(element)
```

또한, range() 함수와 함께 사용되어 정해진
횟수만큼 반복 실행할 때도 유용합니다. 예를 들어, 0부터 9까지의 숫자를 출력하려면 다음과 같이 작성할 수 있습니다.

```
for i in range(10):
    print(i)
```

■ while 반복문

while 반복문은 주어진 조건이 참(True)인 동안 계속해서 코드 블록을 실행합니다. 기본적인 구조는 다음과 같습니다.

```
while 조건:
    # 반복해서 실행할 코드
```

조건은 매 반복마다 검사되며, 조건이 참인 경우에 코드 블록이 실행됩니다. 조건이 거짓(False)가 되면 반복이 종료됩니다.

예를 들어, 변수의 값이 10보다 작을 때까지 계속해서 1을 더하는 반복문을 작성하고자 한다면 다음과 같이 할 수 있습니다.

```
count = 0
while count < 10:
    print(count)
    count += 1
```

■ 루프 제어 구문

반복문을 사용하면서, 때때로 루프의 실행을 조절할 필요가 있을 수 있습니다. 이를 위해 파이썬은 몇 가지 유용한 구문을 제공합니다.

- break: 현재 루프를 즉시 종료하고 루프 바깥의 다음 문장을 실행합니다.
- continue: 현재 반복을 즉시 종료하고 루프의 다음 반복으로 넘어갑니다.
- else: **for** 또는 **while** 루프에 **else** 블록을 추가하여, 루프가 **break**에 의해 종료되지 않고 정상적으로 끝났을 때 실행할 코드를 정의할 수 있습니다.

예를 들어, 0부터 시작해서 첫 번째 5의 배수에서 반복을 중단하려면 다음과 같이 작성할 수 있습니다.

```
for i in range(100):
    if i % 5 == 0 and i > 0:
        print(i)
        break
```

반복문은 파이썬에서 매우 강력한 도구로, 코드를 간결하게 만들고, 반복적인 작업을 자동화하는 데 도움을 줍니다.

🖥 프로그램 실습　**중첩 For문 특성을 알아보는 프로그램**

Source Code: 중첩 For문 특성 알아보는 프로그램

Program id: GPT_PY_04-09

```
for i in range(0, 3, 1):
    for k in range(0, 2, 1):
        print("Python is Good Program Language!!!(i값: %d, k값: %d)" % (i, k))
```

출력결과
```
Python is Good Program Language!!!(i값: 0, k값: 0)
Python is Good Program Language!!!(i값: 0, k값: 1)
Python is Good Program Language!!!(i값: 1, k값: 0)
Python is Good Program Language!!!(i값: 1, k값: 1)
Python is Good Program Language!!!(i값: 2, k값: 0)
Python is Good Program Language!!!(i값: 2, k값: 1)
```

프로그램 실습   **구구단 출력 프로그램**

Source Code: 구구단 프로그램

Program id: GPT_PY_04-10

```python
# 구구단 제목과 함께 각 단이 일치하도록 가로방향으로 출력하는 파이썬 코드

## Define the Variable
i, k, line=0, 0, ""

## Main Code ##
# 각 단의 제목을 정렬하여 출력합니다.
for i in range(2, 10) :
    line=line+(" # %d단 #" %i)
print(line)



# 구구단 출력
for i in range(1, 10):
    line=""
    for k in range(2, 10):
        line=line+str("%2d*%2d=%2d" % (k, i, k*i))
    print(line)
```

출력결과

```
>>>   RESTART: E:/Since_2015_Class/2023_2학기/파이썬_001_소프트웨어사고/파이썬코드/GPT_
PY_Source Code/GPT_PY_04-10.py
 # 2단 # # 3단 # # 4단 # # 5단 # # 6단 # # 7단 # # 8단 # # 9단 #
 2* 1= 2 3* 1= 3  4* 1= 4 5* 1= 5  6* 1= 6 7* 1= 7  8* 1= 8 9* 1= 9
 2* 2= 4 3* 2= 6  4* 2= 8 5* 2=10  6* 2=12 7* 2=14  8* 2=16 9* 2=18
 2* 3= 6 3* 3= 9  4* 3=12 5* 3=15  6* 3=18 7* 3=21  8* 3=24 9* 3=27
 2* 4= 8 3* 4=12  4* 4=16 5* 4=20  6* 4=24 7* 4=28  8* 4=32 9* 4=36
 2* 5=10 3* 5=15  4* 5=20 5* 5=25  6* 5=30 7* 5=35  8* 5=40 9* 5=45
 2* 6=12 3* 6=18  4* 6=24 5* 6=30  6* 6=36 7* 6=42  8* 6=48 9* 6=54
 2* 7=14 3* 7=21  4* 7=28 5* 7=35  6* 7=42 7* 7=49  8* 7=56 9* 7=63
 2* 8=16 3* 8=24  4* 8=32 5* 8=40  6* 8=48 7* 8=56  8* 8=64 9* 8=72
 2* 9=18 3* 9=27  4* 9=36 5* 9=45  6* 9=54 7* 9=63  8* 9=72 9* 9=81
```

🎰 프로그램 실습   **주택복권 번호 생성기 프로그램 실습 → lotto.count() 사용**

Source Code: 주택복권 번호 추출 프로그램

Program id: GPT_PY_04-11

```python
import random

print("----- 주택 복권 번호 생성기 --------")
print("-----------------------------------")
print("게임 수를 입력하세요(숫자만 입력).")

num = int(input("주택복권 게임 수: "))

print("-----------------------------------")

# 입력한 게임 수 만큼 반복
for i in range(1, num+1):
    lotto  = [ ]
    getNum = 0

# 게임을 위한 랜덤 숫자 생성
# lotto[0], lotto[1], lotto[2], lotto[3], lotto[4], lotto[5]가 다른 숫자가 나올때
까지 반복

    while (len(lotto) < 6):
        getNum = random.randrange(0, 10, 1)

        if lotto.count(getNum) == 0:    # 해당 getNum이 List에 없으면 append 실행
            lotto.append(getNum)

#    lotto.sort()
    print(lotto)

print("-----------------------------------")
print("----- 주택 복권 번호 생성 완료 -----")
print("-----------------------------------")
```

출력결과

```
>>>   RESTART: E:/Since_2015_Class/2023_2학기/파이썬_001_소프트웨어사고/파이썬코드/GPT_
PY_Source Code/GPT_PY_04-11.py
----- 주택 복권 번호 생성기 ---------
------------------------------------
게임 수를 입력하세요(숫자만 입력).
주택복권 게임 수: 5

------------------------------------
[5, 2, 8, 4, 7, 1]
[3, 4, 1, 5, 8, 0]
[7, 1, 3, 4, 8, 2]
[7, 2, 8, 5, 3, 4]
[1, 3, 9, 4, 7, 2]

------------------------------------
----- 주택 복권 번호 생성 완료 -----
------------------------------------
```

프로그램 실습   **숫자 맞추기 게임**

Source Code

```
~
```

```
## Number Matching Game            ##
## Program id: GPT_PY_04-12         ##


import random


# 게임을 위한 랜덤 숫자 생성


lucky_number  = random.randrange(1, 100, 1)
num = 0


total_cnt = 0      # 시도횟수


print("1~99 사이의 Number Matching Game을 시작합니다 !!!")
```

```python
print("------------------------------------")

while ( lucky_number != num ):

    num = int(input("1 ~ 99 사이의 숫자를 입력하세요: "))

    if (num > lucky_number):
        print("Down")
    elif (num < lucky_number):
        print("Up")

    total_cnt = total_cnt + 1


print("------------------------------------")
print(total_cnt, "번 만에 정답을 맞추셨습니다.")
```

출력결과

```
>>> RESTART: E:/Since_2015_Class/2023_2학기/파이썬_001_소프트웨어사고/파이썬코드/GPT_
PY_Source Code/GPT_PY_04-12.py
1~99 사이의 Number Matching Game을 시작합니다 !!!
------------------------------------
1 ~ 99 사이의 숫자를 입력하세요: 50
Up
1 ~ 99 사이의 숫자를 입력하세요: 75
Up
1 ~ 99 사이의 숫자를 입력하세요: 87
Up
1 ~ 99 사이의 숫자를 입력하세요: 93
Down
1 ~ 99 사이의 숫자를 입력하세요: 90
Down
1 ~ 99 사이의 숫자를 입력하세요: 89
Down
1 ~ 99 사이의 숫자를 입력하세요: 88
------------------------------------
7 번 만에 정답을 맞추셨습니다.
```

프로그램 실습 **숫자 야구 게임 프로그램 만들기**

Source Code

Number Baseball Game 프로그램

```
## 3개의 숫자가 같은 위치에 있으면 Strike
## 3개의 숫자가 다른 위치에 있으면 Ball
## 3개의 입력숫자가 정답과 일치하지 않으면 Strike, Ball에 Counting 되지 않고 Out 됨
## random.sample()함수활용  => random.sample()함수는 숫자 List를 반환
## Program id: GPT_PY_04-13

import random
# 게임을 위한 랜덤 숫자 생성을 간단하게 함
# rn[0], rn[1], rn[2]가 다른 숫자가 나올때 까지 반복
rn = random.sample(range(0, 10), 3)

# print(rn)

t_cnt = 0 # 시도횟수
s_cnt = 0 # 스트라이크 갯수
b_cnt = 0 # 볼 갯수

print("Number Baseball Game을 시작합니다 !!!")
print("--------------------------")
while ( s_cnt < 3 ):        # 스트라이크가 3이면 반복이 종료됨
```

```
num = input("숫자 3자리를 입력하세요: ")
if(len(num)!=3) :
    print("입력한 숫자가 3자리가 아닙니다. 다시입력해 주세요!")
    continue


s_cnt = 0
b_cnt = 0


for i in range(0, 3):
    for j in range(0, 3):
        if(num[i] == str(rn[j]) and i == j):    # 숫자값과 자리 위치가 같으면
                                                   스트라이크
            s_cnt = s_cnt + 1
        elif(num[i] == str(rn[j]) and i != j):  # 숫자값은 같으나 자리 위치가
                                                   다르면 볼
            b_cnt = b_cnt + 1

    if s_cnt == 0 and b_cnt == 0 :
        print("Out !!!")
        break
    else :
        print("결과: [", s_cnt, "] Strike [", b_cnt, "] Ball")

    t_cnt = t_cnt + 1

if s_cnt == 3 :
    print("--------------------------")
    print(t_cnt, "번 만에 정답을 맞추셨습니다.")
```

출력결과 1

```
= RESTART: H:₩Since_2015_Class₩파이썬코드₩GPT_PY_04-13.py =
Number Baseball Game을 시작합니다 ! ! !
-----------------------
숫자 3자리를 입력하세요 : 2456
입력한 숫자가 3자리가 아닙니다. 다시입력해 주세요!
숫자 3자리를 입력하세요 : 235
결과 : [ 1 ] Strike [ 0 ] Ball
숫자 3자리를 입력하세요 : 456
결과 : [ 1 ] Strike [ 0 ] Ball
숫자 3자리를 입력하세요 : 478
결과 : [ 0 ] Strike [ 1 ] Ball
숫자 3자리를 입력하세요 : 758
결과 : [ 0 ] Strike [ 1 ] Ball
숫자 3자리를 입력하세요 : 786
결과 : [ 2 ] Strike [ 0 ] Ball
숫자 3자리를 입력하세요 : 123
결과 : [ 0 ] Strike [ 1 ] Ball
숫자 3자리를 입력하세요 : 186
결과 : [ 2 ] Strike [ 0 ] Ball
숫자 3자리를 입력하세요 : 286
결과 : [ 2 ] Strike [ 0 ] Ball
숫자 3자리를 입력하세요 : 386
결과 : [ 3 ] Strike [ 0 ] Ball
-----------------------
9 번 만에 정답을 맞추셨습니다.
>>>
## Number Baseball Game   프로그램 ##
## 3개의 숫자가 같은 위치에 있으면 Strike
## 3개의 숫자가 다른 위치에 있으면 Ball
```

출력결과 2

```
= RESTART: H:₩Since_2015_Class₩파이썬코드₩GPT_PY_04-13.py =
Number Baseball Game을 시작합니다 ! ! !
-----------------------
숫자 3자리를 입력하세요 : 231
결과 : [ 2 ] Strike [ 0 ] Ball
숫자 3자리를 입력하세요 : 456
Out ! ! !
```

파이썬의 반복문 연습문제

1. 문제 for 문을 이용하여 1부터 10까지의 합을 계산하여 출력해 주는 프로그램을 작성하세요.

2. 문제 my_list = [1, 2, 3, 4, 5]가 주어졌을 때 for문을 활용하여 리스트의 요소가 역순으로 출력되는 코드를 작성해 주세요.

3. 문제 문자열 "Python"의 각 문자를 한 줄에 하나씩 출력하는 코드를 작성하세요.

4. 문제 1부터 100까지 짝수의 합을 출력하는 코드를 작성하세요.

5. 문제 사용자로부터 정수를 입력받아서 그 수의 팩토리얼을 계산하는 코드를 작성하세요.

6. 문제 리스트 [1, 2, 2, 3, 4, 4, 5]에서 중복 요소를 제거하여 출력하는 코드를 작성하세요.

7. 문제 1부터 100까지의 소수를 모두 출력하는 파이썬 코드를 작성하세요.

8. 문제(재귀 함수 사용) 이 코드는 **flatten**이라는 재귀 함수를 정의하여 중첩된 리스트의 각 요소를 순회합니다. 요소가 리스트인 경우, 함수는 자기 자신을 다시 호출하여 더 깊은 레벨의 요소에 접근합니다. 리스트가 아닌 요소는 그대로 반환됩니다. **yield from** 구문은 각 요소를 평탄화된 최종 리스트로 전달하는 데 사용됩니다. 다음 코드의 출력 결과는 무엇일까요?

```
def flatten(nested_list):
    for item in nested_list:
        if isinstance(item, list):
            yield from flatten(item)
        else:
            yield item
nested_list = [[1, 2, [3, 4]], [5, 6], 7]
flat_list = list(flatten(nested_list))
print(flat_list)
```

9. 문제(주어진 행렬의 주 대각선(왼쪽 상단에서 오른쪽 하단) 요소의 합을 구하는 코드) 다음 코드의 출력 결과는 무엇일까요?

```python
matrix = [[1, 2, 3], [4, 5, 6], [7, 8, 9]]

# 주 대각선 요소의 합을 구함
diagonal_sum = sum(matrix[i][i] for i in range(len(matrix)))

print("주 대각선 요소의 합:", diagonal_sum)
```

10. 문제(코드 해석 문제) 아래 코드의 기능을 해석 해서 한글로 작성해 주세요.

```python
import random

def play_pachinko():
    while True:
        # 세 개의 무작위 숫자 생성
        numbers = [random.randint(0, 9) for _ in range(3)]
        print("빠찡고 숫자:", numbers)

        # 모든 숫자가 일치하는 경우 승리
        if numbers[0] == numbers[1] == numbers[2]:
            print("축하합니다! 모든 숫자가 일치합니다!")
            break
        else:
            print("아쉽게도 숫자가 일치하지 않습니다.")

        # 게임을 계속할지 사용자에게 묻기
        continue_game = input("다시 하시겠습니까? (y/n): ")
        if continue_game.lower() != 'y':
            print("게임을 종료합니다.")
            break

# 게임 실행
play_pachinko()
```

함수와 모듈

CONTENTS

파이썬에서 함수와 모듈의 사용은 프로그래밍의 기본적이고 중요한 부분입니다. 아래에서 이들에 대해 설명하고 예제 코드를 제공하겠습니다.

5.1 함수의 정의와 호출

1 함수의 정의

파이썬에서 함수는 **def** 키워드를 사용하여 정의됩니다. 함수는 코드를 재사용하고 조직화하는 데 도움이 됩니다. 기본 구조는 다음과 같습니다.

```
def 함수이름(매개변수):
    # 실행할 코드
    return 반환값
```

2 함수의 호출

함수를 호출하려면 함수 이름과 괄호(())를 사용하고, 필요한 경우 괄호 안에 인수를 전달합니다.

- 결과 = 함수이름(인수)

프로그램 실습   **함수의 정의와 호출 프로그램 예제 1**

함수를 이용한 덧셈 프로그램

Program id: GPT_PY_05-01

```
def add(a, b):
    return a + b


result = add(3, 4)
print(result)  # 출력: 7
```

```
>>> RESTART: E:/Since_2015_Class/2023_2학기/파이썬_001_소프트웨어사고/파이썬코드/GPT_
PY_Source Code/GPT_PY_05-01.py
7
```

🖥 프로그램 실습 함수의 정의와 호출 프로그램 예제 2

텍스트 데이터에서 가장 빈번하게 등장하는 단어와 그 빈도수를 찾는 프로그램

Program id: GPT_PY_05-02

```python
def tokenize(text):
    """ 주어진 텍스트를 단어로 분리합니다. """
    # 모든 문자를 소문자로 변환하고 구두점을 제거합니다.
    words = text.lower().split()
    return [word.strip('.,!;()[]') for word in words]

def count_frequency(words):
    """ 단어 리스트에서 각 단어의 빈도수를 세어 사전으로 반환합니다. """
    frequency = {}
    for word in words:
        frequency[word] = frequency.get(word, 0) + 1
    return frequency

def find_most_frequent(frequency):
    """ 가장 빈번하게 등장하는 단어와 그 빈도수를 반환합니다. """
    max_word = ''
    max_count = 0
    for word, count in frequency.items():
        if count > max_count:
            max_word = word
            max_count = count
    return max_word, max_count

# 사용 예시
text = "This is a sample text. It includes some words, and it includes some more
```

```
words."
words = tokenize(text)
frequency = count_frequency(words)
most_frequent_word, frequency = find_most_frequent(frequency)


print(f"가장 빈번한 단어: '{most_frequent_word}', 빈도수: {frequency}")
```

출력결과
```
>>> RESTART: E:/Since_2015_Class/2023_2학기/파이썬_001_소프트웨어사고/파이썬코드/GPT_
PY_Source Code/GPT_PY_05-02.py
가장 빈번한 단어: 'it', 빈도수: 2
```

프로그램 실습 **함수의 정의와 호출 프로그램 예제 3**

사용자가 랜덤으로 생성된 숫자를 맞추는 프로그램

Program id: GPT_PY_05-03

```
## 게임규칙                                          ##
## 1. 프로그램이 1에서 100 사이의 랜덤 숫자를 생성합니다.          ##
## 2. 사용자는 숫자를 추측하여 입력합니다.                     ##
## 3. 프로그램은 사용자의 입력을 평가하여 정답과 비교합니다.          ##
## 4. 사용자가 정답을 맞추거나 시도 횟수가 초과할 때까지 반복합니다.##


import random


def generate_number():
    """ 1부터 100 사이의 랜덤 숫자를 생성합니다. """
    return random.randint(1, 100)


def get_user_guess():
    """ 사용자로부터 숫자 입력을 받습니다. """
    return int(input("1과 100 사이의 숫자를 추측해보세요: "))


def evaluate_guess(guess, answer):
```

```python
    """ 사용자의 추측을 평가합니다. """
    if guess < answer:
        print("너무 낮습니다.")
    elif guess > answer:
        print("너무 높습니다.")
    else:
        print("정답입니다!")
        return True
    return False


def number_guessing_game():
    """ 숫자 맞추기 게임을 실행합니다. """
    answer = generate_number()
    attempts = 0
    max_attempts = 5

    while attempts < max_attempts:
        guess = get_user_guess()
        if evaluate_guess(guess, answer):
            break
        attempts += 1
        print(f"남은 시도 횟수: {max_attempts - attempts}")

    if attempts == max_attempts:
        print(f"기회를 모두 사용했습니다. 정답은 {answer}였습니다.")

number_guessing_game()
```

출력결과

```
>>>  RESTART:  E:/Since_2015_Class/2023_2학기/파이썬_001_소프트웨어사고/파이썬코드
/GPT_PY_Source Code/GPT_PY_05-03.py
1과 100 사이의 숫자를 추측해보세요: 50
너무 낮습니다.
남은 시도 횟수: 4
1과 100 사이의 숫자를 추측해보세요: 75
너무 높습니다.
```

```
남은 시도 횟수: 3
1과 100 사이의 숫자를 추측해보세요: 63
너무 낮습니다.
남은 시도 횟수: 2
1과 100 사이의 숫자를 추측해보세요: 70
너무 높습니다.
남은 시도 횟수: 1
1과 100 사이의 숫자를 추측해보세요: 65
너무 높습니다.
남은 시도 횟수: 0
기회를 모두 사용했습니다. 정답은 64였습니다.
```

5.2 파라미터와 반환 값

1 파라미터 (Parameters)

함수에 전달되는 변수를 매개변수라고 합니다. 함수 정의에서 괄호 안에 나열됩니다.

2 반환 값 (Return Values)

함수는 **return** 문을 사용하여 값을 반환할 수 있습니다. **return** 문이 없거나 **return**만 쓰이면 함수는 **None**을 반환합니다.

> 🖥️ **프로그램 실습** **파라미터와 반환값 프로그램 예제 1**

함수의 파라미터와 반환값 프로그램 예제 1

Program id: GPT_PY_05-04

```
## 곱셈 함수를 만들고 값을 return 해 주는 알고리즘          ##

def multiply(x, y):
```

```
    return x * y

product = multiply(6, 7)
print(product)  # 출력: 42
```

출력결과

```
>>>  RESTART:  E:/Since_2015_Class/2023_2학기/파이썬_001_소프트웨어사고/파이썬코드/GPT_
PY_Source Code/GPT_PY_05-04.py
42
```

프로그램 실습 파라미터와 반환값 프로그램 예제 2

함수의 파라미터와 반환값 프로그램 예제 2

Program id: GPT_PY_05-05

```
## 사용자가 입력한 두 숫자의 합과 곱을 반환하는 프로그램      ##

def calculate_sum(a, b):
    """ 두 숫자의 합을 계산하여 반환합니다. """
    return a + b

def calculate_product(a, b):
    """ 두 숫자의 곱을 계산하여 반환합니다. """
    return a * b

def main():
    # 사용자로부터 두 개의 숫자 입력 받기
    num1 = int(input("첫 번째 숫자를 입력하세요: "))
    num2 = int(input("두 번째 숫자를 입력하세요: "))

    # 합과 곱 계산
    sum_result = calculate_sum(num1, num2)
    product_result = calculate_product(num1, num2)
```

```python
    # 결과 출력
    print(f"{num1}와 {num2}의 합: {sum_result}")
    print(f"{num1}와 {num2}의 곱: {product_result}")

# 메인 함수 실행
if __name__ == "__main__":
    main()
```

출력결과

```
>>> RESTART: E:/Since_2015_Class/2023_2학기/파이썬_001_소프트웨어사고/파이썬코드/GPT_
PY_Source Code/GPT_PY_05-05.py

첫 번째 숫자를 입력하세요: 15
두 번째 숫자를 입력하세요: 20
15와 20의 합: 35
15와 20의 곱: 300
```

프로그램 실습   **파라미터와 반환값 프로그램 예제 3**

함수의 파라미터와 반환값 프로그램 예제 3

Program id: GPT_PY_05-06

```python
## 시저 암호 기법을 사용한 문자열 암복호화 프로그램           ##
## 시저 암호화 기법: 주어진 문자열의 각 문자를
## 알파벳 순서로 정해진 수만큼 이동시켜 암호화

def encrypt(text, shift):
    """ 주어진 문자열을 시저 암호 방식으로 암호화합니다. 한글 처리를 포함합니다.
"""
    result = ""

    for char in text:
        if '가' <= char <= '힣':
            # 한글 처리: 유니코드 상에서 '가'부터 시작, 총 11,172자
```

```python
            base = ord('가')
            result += chr((ord(char) - base + shift) % 11172 + base)
        elif char.isalpha():
            # 영문 처리: 대문자와 소문자 구분
            start = 'A' if char.isupper() else 'a'
            result += chr((ord(char) - ord(start) + shift) % 26 + ord(start))
        else:
            # 그 외 문자는 변환 없이 그대로 둡니다.
            result += char

    return result

def decrypt(text, shift):
    """ 암호화된 문자열을 복호화합니다. """
    return encrypt(text, -shift)

def main():
    original_text = input("암호화할 텍스트를 입력하세요: ")
    shift = int(input("이동할 문자 수 (시프트 값)를 입력하세요: "))

    encrypted_text = encrypt(original_text, shift)
    decrypted_text = decrypt(encrypted_text, shift)

    print(f"암호화된 텍스트: {encrypted_text}")
    print(f"복호화된 텍스트: {decrypted_text}")

if __name__ == "__main__":
    main()
```

> 출력결과

```
= RESTART: E:/Since_2015_Class/2023_2학기/파이썬_001_소프트웨어사고/파이썬코드/GPT_PY_
Source Code/GPT_PY_05-06.py
암호화할 텍스트를 입력하세요: GPT 파이썬 융합
이동할 문자 수 (시프트 값)를 입력하세요: 3
암호화된 텍스트: JSW 팣잇썬 윢핝
복호화된 텍스트: GPT 파이썬 융합
```

```
=   RESTART:   E:/Since_2015_Class/2023_2학기/파이썬_001_소프트웨어사고/파이썬코드
/GPT_PY_Source Code/GPT_PY_05-06.py
암호화할 텍스트를 입력하세요: GPT Python Convergence
이동할 문자 수 (시프트 값)를 입력하세요: 5
암호화된 텍스트: LUY Udymts Htsajwljshj
복호화된 텍스트: GPT Python Convergence
```

5.3 모듈의 사용과 임포트 방법

1 모듈(Module)

모듈은 함수, 변수 및 클래스를 포함할 수 있는 파이썬 파일입니다. 모듈을 사용하면 코드를 재사용하고 관리하기 쉽습니다.

2 임포트(Import)

모듈을 사용하려면 **import** 문을 사용하여 해당 모듈을 가져와야 합니다. 모듈에서 특정 함수나 클래스만을 가져오려면 **from 모듈명 import 항목명**을 사용할 수 있습니다.

🖥️ 프로그램 실습   **모듈의 사용과 Import 프로그램 예제 1**

모듈의 사용과 Import 프로그램 예제 1

Program id: GPT_PY_05-06   ##

```python
# math 모듈 임포트
import math

# math 모듈의 sqrt 함수 사용
result = math.sqrt(16)
print(result)  # 출력: 4.0
```

```
# datetime 모듈의 datetime 클래스만 임포트
from datetime import datetime

# 현재 시간 출력
now = datetime.now()
print(now)
```

출력결과

```
= RESTART: E:/Since_2015_Class/2023_2학기/파이썬_001_소프트웨어사고/파이썬코드/GPT_
PY_Source Code/GPT_PY_05-07.py
4.0
2024-01-14 12:44:03.157445
```

프로그램 실습 모듈의 사용과 Import 프로그램 예제 2

모듈의 사용과 Import 프로그램 예제 2

Program id: GPT_PY_05-08

```
## GPT_PY_05-07을 가독성 있게 수정한 프로그램                 ##

import math
from datetime import datetime

# math 모듈의 sqrt 함수 사용 결과를 가독성 있는 문장으로 출력
sqrt_result = math.sqrt(16)
print(f"16의 제곱근은 {sqrt_result}입니다.")  # 출력: 16의 제곱근은 4.0입니다.

# 현재 시간을 가독성 있는 포맷으로 출력
now = datetime.now()
formatted_now = now.strftime("%Y-%m-%d %H:%M:%S")
print(f"현재 시간은 {formatted_now}입니다.")  # 예: 현재 시간은 2024-01-14
12:45:30입니다.
```

출력결과

= RESTART: E:/Since_2015_Class/2023_2학기/파이썬_001_소프트웨어사고/파이썬코드/GPT_PY_
Source Code/GPT_PY_05-08.py
16의 제곱근은 4.0입니다.
현재 시간은 2024-01-14 12:49:36입니다.

프로그램 실습   **모듈의 사용과 Import 프로그램 예제 3**

모듈의 사용과 Import 프로그램 예제 3

Program id: GPT_PY_05-09

```python
## 현재 날짜와 시간을 출력하고, 특정일자를 입력받아 오늘과의 차이 계산 ##

import datetime

def display_current_date_time():
    """ 현재 날짜와 시간을 출력합니다. """
    now = datetime.datetime.now()
    print(f"현재 날짜와 시간: {now.strftime('%Y-%m-%d %H:%M:%S')}")

def get_date_from_user():
    """ 사용자로부터 날짜를 입력받습니다 (YYYY-MM-DD 형식). """
    date_input = input("날짜를 YYYY-MM-DD 형식으로 입력하세요: ")
    year, month, day = map(int, date_input.split('-'))
    return datetime.date(year, month, day)

def calculate_days_difference(user_date):
    """ 오늘과 사용자가 입력한 날짜 사이의 차이를 계산합니다. """
    today = datetime.date.today()
    difference = user_date - today
    return difference.days

def main():
    display_current_date_time()
```

```python
    user_date = get_date_from_user()
    days_difference = calculate_days_difference(user_date)

    if days_difference > 0:
        print(f"입력하신 날짜는 오늘로부터 {days_difference}일 후입니다.")
    elif days_difference < 0:
        print(f"입력하신 날짜는 오늘로부터 {-days_difference}일 전입니다.")
    else:
        print("입력하신 날짜는 오늘입니다.")

if __name__ == "__main__":
    main()
```

출력결과

```
= RESTART: E:/Since_2015_Class/2023_2학기/파이썬_001_소프트웨어사고/파이썬코드/GPT_PY_
Source Code/GPT_PY_05-09.py
현재 날짜와 시간: 2024-01-14 12:57:21
날짜를 YYYY-MM-DD 형식으로 입력하세요: 2008-02-05
입력하신 날짜는 오늘로부터 5822일 전입니다.
```

파이썬의 함수와 모듈 연습문제

1. 문제 다음 코드의 출력 결과는 무엇일까요?

```python
def sum_numbers(a, b):
    return a + b
# 테스트
print(sum_numbers(5, 7))
```

2. 문제 다음 코드의 출력 결과는 무엇일까요?

```python
def remove_spaces(text):
    return text.replace(" ", "")
# 테스트
print(remove_spaces(" Hello World "))
```

3. 문제 다음 코드의 출력 결과는 무엇일까요?

```python
def find_max_min(numbers):
    return max(numbers), min(numbers)

# 테스트
print(find_max_min([3, 1, 4, 1, 5, 9, 2, 6]))
```

4. 문제 다음 코드의 출력 결과는 무엇일까요?

```python
def factorial(n):
    if n == 0:
        return 1
    else:
        return n * factorial(n-1)
# 테스트
print(factorial(5))
```

5. 문제 다음 코드의 출력 결과는 무엇일까요?

```python
def is_prime(number):
    if number <= 1:
        return False
    for i in range(2, int(number**0.5) + 1):
        if number % i == 0:
            return False
    return True
# 테스트
print(is_prime(29))
```

6. 문제 다음 코드의 출력 결과는 무엇일까요?

```python
x = 10
def modify_x():
    global x
    x = 20
print("함수 실행 전:", x)
modify_x()
print("함수 실행 후:", x)
```

7. 문제 다음 코드의 출력 결과는 무엇일까요?

```python
def calculate(a, b):
    if a > b:
        return a + b
    else:
        return a * b

# 테스트
print(calculate(7, 5))
print(calculate(3, 4))
```

8. 문제 다음 코드의 출력 결과는 무엇일까요?

```python
def average(a, b, c=0):
    return (a + b + c) / 3
# 테스트
print(average(5, 10, 15))
print(average(5, 10))
```

CHAPTER 6

실용적 프로젝트

CONTENTS

파이썬을 활용하여 일상 생활에서 편리하게 사용할 수 있는 프로그램 예시들을
모아놓은 Chapter 입니다.

6.1 할 일 목록 관리

프로그램 실습 할 일 목록을 관리 하는 프로그램

Source Code

Program id: GPT_PY_06-01

```python
def display_tasks(tasks):
    """ 할 일 목록을 출력합니다. """
    for i, task in enumerate(tasks, 1):
        print(f"{i}. {task}")

def add_task(tasks, task):
    """ 새로운 할 일을 목록에 추가합니다. """
    tasks.append(task)

tasks = []
while True:
    action = input("할 일 추가(a), 목록 보기(v), 종료(q): ").lower()
    if action == 'a':
        new_task = input("추가할 할 일: ")
        add_task(tasks, new_task)
    elif action == 'v':
        display_tasks(tasks)
    elif action == 'q':
        break
```

출력결과

```
==================== RESTART: C:/Python312/GPT_PY_06-01.py ====================
할 일 추가(a), 목록 보기(v), 종료(q): a
추가할 할 일: 밥먹기
할 일 추가(a), 목록 보기(v), 종료(q): a
```

```
추가할 할 일: 양치하기
할 일 추가(a), 목록 보기(v), 종료(q): v
1. 밥먹기
2. 양치하기
할 일 추가(a), 목록 보기(v), 종료(q): a
추가할 할 일: 학교가기
할 일 추가(a), 목록 보기(v), 종료(q): v
1. 밥먹기
2. 양치하기
3. 학교가기
할 일 추가(a), 목록 보기(v), 종료(q): q
```

[할 일 목록 관리] 프로그램 코드 해설

이 프로그램은 사용자로부터 할 일을 추가하고, 추가된 할 일 목록을 보여주며, 프로그램을 종료할 수 있는 간단한 할 일 관리 도구입니다. 프로그램의 주요 부분을 세분화하여 설명하겠습니다.

1. 함수 정의

```
display_tasks(tasks)
```

- 이 함수는 인자로 받은 tasks 리스트(할 일 목록)의 모든 항목을 순회하며 출력합니다. enumerate 함수를 사용하여 각 할 일 앞에 순서 번호를 붙여줍니다. enumerate (tasks, 1)은 순서 번호를 1부터 시작하게 합니다.

```
add_task(tasks, task)
```

- 이 함수는 tasks 리스트에 새로운 할 일을 추가합니다. task 매개변수로 받은 할 일을 tasks 리스트의 끝에 추가합니다.

2. 메인 루프

프로그램의 메인 부분은 while True: 루프를 통해 계속 실행되는 무한 루프입니다. 사용자가 'q'를 입력하여 종료를 요청하기 전까지 계속 실행됩니다.

■ 사용자 입력 받기

```
action = input("할 일 추가(a), 목록 보기(v), 종료(q): ").lower()
```

- 사용자에게 할 일을 추가할지('a'), 목록을 볼지('v'), 아니면 프로그램을 종료할지('q') 묻습니다. .
- .lower()를 사용하여 사용자가 대문자로 입력해도 소문자로 처리되게 합니다.

■ 할 일 추가 (if action == 'a':)

사용자가 'a'를 입력하면, 새로운 할 일을 입력받아 add_task 함수를 호출하여 tasks 리스트에 추가합니다.

■ 목록 보기 (elif action == 'v':)

사용자가 'v'를 입력하면, 현재 할 일 목록을 보여주는 display_tasks 함수를 호출합니다.

■ 프로그램 종료 (elif action == 'q':)

사용자가 'q'를 입력하면, break 문을 통해 무한 루프를 종료하고 프로그램이 종료됩니다.

3. tasks 리스트

이 리스트는 사용자가 추가한 모든 할 일을 저장하는 데 사용됩니다. 프로그램 시작 시 비어있으며, 사용자가 할 일을 추가할 때마다 새로운 항목이 추가됩니다.

■ 요약

이 프로그램은 사용자의 입력에 따라 할 일을 추가하고, 추가된 할 일을 보여주며, 사용자가 원할 때 프로그램을 종료할 수 있도록 합니다. 각 기능은 명확하게 분리되어 있어 사용자가 원하는 작업을 쉽게 수행할 수 있습니다.

6.2 간단한 타이머

🖥️ 프로그램 실습 **지정된 시간이 경과할 때 까지 대기하는 타이머 프로그램**

Source Code

Program id: GPT_PY_06-02

```python
import time

def start_timer(seconds):
    """ 지정된 시간(초)만큼 대기하는 타이머 """
    for i in range(seconds, 0, -1):
        print(f"{i}초 남음", end="\r")
        time.sleep(1)
    print("타이머 종료!")

# 사용 예시
duration = int(input("타이머 시간을 초 단위로 입력하세요: "))
start_timer(duration)
```

출력결과

```
(실행 결과)
= RESTART: E:/Since_2015_Class/2023_2학기/파이썬_001_소프트웨어사고/파이썬코드/GPT_
PY_Source Code/GPT_PY_06-02.py
타이머 시간을 초 단위로 입력하세요: 30
30초 남음29초 남음28초 남음27초 남음26초 남음25초 남음24초 남음23초 남음22초 남음
21초 남음20초 남음19초 남음18초 남음17초 남음16초 남음15초 남음14초 남음13초 남음
12초 남음11초 남음10초 남음9초 남음8초 남음7초 남음6초 남음5초 남음4초 남음3초 남
음2초 남음1초 남음타이머 종료!
```

[간단한 타이머] 프로그램 코드 해설

이 프로그램은 사용자로부터 초 단위로 시간을 입력받아, 그 시간만큼 대기한 후 타이머가
종료되는 기능을 수행하는 간단한 타이머 프로그램입니다. 프로그램의 주요 부분을 단계
별로 살펴보겠습니다.

1. time 모듈 임포트

프로그램은 time 모듈을 사용합니다. 이 모듈은 Python에서 시간 관련 기능을 제공하며, 여기서는 sleep 함수를 사용해 특정 시간 동안 프로그램을 일시 정지시킵니다.

2. start_timer(seconds) 함수

이 함수는 지정된 시간만큼 대기하는 타이머의 기능을 수행합니다. 사용자로부터 입력받은 시간(초)을 매개변수로 받습니다.

■ 함수 내부 동작:

```
for i in range(seconds, 0, -1):
```

- range(seconds, 0, -1)는 사용자가 입력한 시간부터 1까지 역순으로 숫자를 생성합니다. 예를 들어, 사용자가 5초를 입력하면, range 함수는 5, 4, 3, 2, 1의 숫자 시퀀스를 생성합니다.
- 이 루프는 타이머가 0초에 도달할 때까지 각 초마다 반복됩니다.

```
print(f"{i}초 남음", end="\r")
```

- 현재 남은 시간(초)를 화면에 출력합니다. end="\r"는 커서를 줄의 시작으로 되돌리는 역할을 하여, 다음 출력이 같은 줄에 덮어쓰기 되도록 합니다. 이는 출력을 갱신하는 효과를 줍니다.

```
time.sleep(1)
```

- 프로그램을 1초 동안 일시 정지시킵니다. 이는 타이머 기능을 실현하기 위해 각 숫자 사이에 1초의 간격을 둡니다.

```
print("타이머 종료!")
```

- 타이머가 0초에 도달하면, "타이머 종료!" 메시지를 출력하고 함수가 종료됩니다.

3. 사용 예시

- 사용자로부터 타이머 시간을 초 단위로 입력받습니다. input 함수를 사용하여 입력을 받고, int 함수로 문자열 입력값을 정수로 변환합니다.
- 변환된 시간(정수)을 start_timer 함수에 전달하여 타이머를 시작합니다.

> **■ 요약**
>
> 이 프로그램은 사용자가 입력한 시간(초) 동안 대기하며, 각 초가 지날 때마다 남은 시간을 업데이트하여 화면에 표시합니다. 지정된 시간이 모두 경과하면 "타이머 종료!" 메시지를 출력하며 프로그램이 종료됩니다. time.sleep 함수를 사용하여 실제 타이머 기능을 구현하고, print 함수의 end 매개변수를 사용하여 출력을 제어하는 방식을 사용합니다.

6.3 영수증 출력 프로그램 (중국집 용)

🏮 **프로그램 실습** 중국집에서 사용할 수 있는 간단한 영수증 출력 프로그램

Source Code

Program id: GPT_PY_06-03

```python
def print_receipt(orders):
    """ 주문 목록을 받아 영수증을 출력합니다. """
    total = 0
    print("\n### 중국집 영수증 ###")
    for item, details in orders.items():
        price, quantity = details
        print(f"{item} ({quantity}인분): {price * quantity}원")
        total += price * quantity
    print(f"총액: {total}원")
    print("감사합니다!\n")

def main():
    orders = {}
    while True:
        item = input("음식 이름을 입력하세요 (종료하려면 'q' 입력): ")
        if item.lower() == 'q':
            break
        price = int(input(f"{item}의 가격을 입력하세요: "))
        quantity = int(input(f"{item}의 수량(인분)을 입력하세요: "))
        orders[item] = (price, quantity)
```

```
    print_receipt(orders)


if __name__ == "__main__":
    main()
```

출력결과

```
= RESTART: E:/Since_2015_Class/2023_2학기/파이썬_001_소프트웨어사고/파이썬코드/GPT_
PY_Source Code/GPT_PY_06-03.py
음식 이름을 입력하세요 (종료하려면 'q' 입력): 짜장면
짜장면의 가격을 입력하세요: 7000
짜장면의 수량(인분)을 입력하세요: 3
음식 이름을 입력하세요 (종료하려면 'q' 입력): 탕수육
탕수육의 가격을 입력하세요: 15000
탕수육의 수량(인분)을 입력하세요: 2
음식 이름을 입력하세요 (종료하려면 'q' 입력): 짬뽕
짬뽕의 가격을 입력하세요: 8000
짬뽕의 수량(인분)을 입력하세요: 2
음식 이름을 입력하세요 (종료하려면 'q' 입력): q

### 중국집 영수증 ###
짜장면 (3인분): 21000원
탕수육 (2인분): 30000원
짬뽕 (2인분): 16000원
총액: 67000원
감사합니다!
```

[영수증 출력 프로그램(중국집 용)] 프로그램 코드 해설

이 프로그램은 중국집에서 사용할 수 있는 간단한 영수증 출력 프로그램입니다. 사용자가 주문한 음식의 이름, 가격, 수량을 입력하면, 모든 주문에 대한 영수증을 출력하는 기능을 수행합니다. 프로그램의 주요 부분을 단계별로 살펴보겠습니다.

1. print_receipt(orders) 함수

이 함수는 주문 목록을 인자로 받아 영수증을 출력합니다. 주문 목록(orders)은 음식 이름을 키로 하고, 가격과 수량을 튜플로 가지는 딕셔너리입니다.

■ 함수 내부 동작:

① total = 0으로 시작하여 수분된 모든 음식의 총액을 계산합니다.

② for item, details in orders.items():를 통해 주문 목록을 순회합니다. 각 음식 (item)에 대한 가격과 수량(details)을 가져옵니다.

③ print(f"{item} ({quantity}인분): {price * quantity}원")를 사용하여 각 음식의 이름, 수량, 그리고 그에 따른 가격을 출력합니다.

④ total += price * quantity를 통해 각 음식의 가격을 총액에 더합니다.

⑤ 미지막으로 총액과 김사 메시지를 출력합니다.

2. main() 함수

이 함수는 사용자로부터 음식의 이름, 가격, 수량을 입력받고, 이 정보를 orders 딕셔너리에 저장한 뒤 print_receipt 함수를 호출하여 영수증을 출력합니다.

■ 함수 내부 동작:

① 무한 루프를 사용하여 사용자로부터 음식의 이름을 입력받습니다. 사용자가 'q'를 입력하면 루프를 종료합니다.

② 음식의 가격과 수량을 입력받아 정수로 변환합니다.

③ 입력받은 음식 이름, 가격, 수량을 orders 딕셔너리에 저장합니다. 이때 음식 이름이 키가 되고, 가격과 수량이 튜플로 저장됩니다.

④ 사용자가 'q'를 입력하여 주문 입력을 종료하면, print_receipt 함수를 호출하여 orders 딕셔너리에 저장된 모든 주문 정보를 바탕으로 영수증을 출력합니다.

3. if __name__ == "__main__": 구문

이 구문은 스크립트가 직접 실행될 때만 main() 함수를 호출하도록 합니다. 이를 통해 스크립트가 모듈로 다른 파일에 임포트될 때는 main() 함수가 자동으로 실행되지 않도록 합니다.

■ 요약

이 프로그램은 사용자가 주문한 음식의 이름, 가격, 수량을 입력받아, 모든 주문에 대한 상세 정보와 총액을 포함한 영수증을 출력합니다. 사용자는 'q'를 입력하여 언제든지 주문 입력을 종료할 수 있으며, 그 시점에 영수증이 출력됩니다. 이 프로그램은 파이썬의 기본 입출력, 딕셔너리 사용법, 그리고 함수 정의와 호출 방법을 잘 보여줍니다.

6.4 운동 routine tracker 프로그램

🖥 프로그램 실습   운동 routine tracker 프로그램

Source Code

Program id: GPT_PY_06-04

```python
from datetime import datetime

class ExerciseTracker:
    def __init__(self):
        self.exercises = []

    def add_exercise(self):
        """운동 기록을 연속적으로 추가하는 함수"""
        while True:
            date_str = input("날짜를 입력하세요 (예: 2024-01-01) 또는 'quit'을 입력하여 종료: ")
            if date_str.lower() == 'quit':
                break

            exercise_type = input("운동 종류를 입력하세요 (예: Running, Strength training): ")
            duration = int(input("운동 시간을 분 단위로 입력하세요 (예: 30): "))
            intensity = input("운동 강도를 입력하세요 (예: High, Medium, Low): ")

            # 날짜 문자열을 date 객체로 변환
            exercise_date = datetime.strptime(date_str, '%Y-%m-%d').date()

            self.exercises.append({
                'date': exercise_date,
                'type': exercise_type,
                'duration': duration,
                'intensity': intensity
            })

    def get_weekly_summary(self, week):
```

```python
        """주간 운동 요약을 제공하는 함수"""
        weekly_exercises = [e for e in self.exercises if e['date'].isocalendar()[1]
                            == week]
        total_duration = sum(e['duration'] for e in weekly_exercises)
        return f"Week {week}: Total Exercise Duration = {total_duration} minutes"

    def get_monthly_summary(self, month):
        """월간 운동 요약을 제공하는 함수"""
        monthly_exercises = [e for e in self.exercises if e['date'].month == month]
        total_duration = sum(e['duration'] for e in monthly_exercises)
        return f"Month {month}: Total Exercise Duration = {total_duration} minutes"


# 사용 예시
tracker = ExerciseTracker()
tracker.add_exercise() # 사용자로부터 연속적으로 운동 데이터를 입력받음


# 현재 주와 월에 대한 요약 출력
current_week = datetime.now().isocalendar()[1]
current_month = datetime.now().month
print(tracker.get_weekly_summary(current_week))
print(tracker.get_monthly_summary(current_month))
```

출력결과

```
= RESTART: E:/Since_2015_Class/2023_2학기/파이썬_001_소프트웨어사고/파이썬코드/GPT_
PY_Source Code/GPT_PY_06-04.py
날짜를 입력하세요 (예: 2024-01-01) 또는 'quit'을 입력하여 종료: 2024-01-15
운동 종류를 입력하세요 (예: Running, Strength training): Running
운동 시간을 분 단위로 입력하세요 (예: 30): 40
운동 강도를 입력하세요 (예: High, Medium, Low): Medium
날짜를 입력하세요 (예: 2024-01-01) 또는 'quit'을 입력하여 종료: 2024-01-15
운동 종류를 입력하세요 (예: Running, Strength training): Strength training
운동 시간을 분 단위로 입력하세요 (예: 30): 30
운동 강도를 입력하세요 (예: High, Medium, Low): Medium
날짜를 입력하세요 (예: 2024-01-01) 또는 'quit'을 입력하여 종료: quit
Week 3: Total Exercise Duration = 70 minutes
Month 1: Total Exercise Duration = 70 minutes
```

[운동 routine tracker 프로그램] 프로그램 코드 해설

이 프로그램은 사용자의 운동 기록을 추적하고, 주간 및 월간 운동 요약을 제공하는 Exer-ciseTracker 클래스 기반의 운동 루틴 추적기입니다. 프로그램의 주요 기능을 단계별로 살펴보겠습니다.

1. ExerciseTracker 클래스
이 클래스는 사용자의 운동 기록을 관리합니다. 클래스 내의 주요 구성 요소는 다음과 같습니다.

- __init__(self): 클래스의 생성자로, 운동 기록을 저장할 빈 리스트 self.exercises 를 초기화합니다.
- add_exercise(self): 사용자로부터 운동 날짜, 종류, 시간, 강도를 입력받아 self. exercises 리스트에 사전 형태로 추가합니다. 사용자가 'quit'을 입력할 때까지 입력을 계속 받습니다.
- get_weekly_summary(self, week): 주어진 주(week)에 해당하는 모든 운동의 총 시간을 계산하여 문자열로 반환합니다.
- get_monthly_summary(self, month): 주어진 월(month)에 해당하는 모든 운동의 총 시간을 계산하여 문자열로 반환합니다.

2. 운동 데이터 입력 받기
tracker.add_exercise()를 호출하여 사용자로부터 운동 데이터를 입력받습니다. 사용자 는 운동 날짜, 종류, 시간, 강도를 순서대로 입력하고, 'quit'을 입력하여 입력을 종료할 수 있습니다.

3. 날짜 변환
입력받은 날짜 문자열은 datetime.strptime(date_str, '%Y-%m-%d').date()를 통해 datetime.date 객체로 변환됩니다. 이를 통해 날짜와 관련된 연산이나 비교가 용이해집 니다.

4. 주간 및 월간 요약 출력
- get_weekly_summary와 get_monthly_summary 함수는 각각 주어진 주와 월에 해당하는 운동의 총 시간을 계산하여 반환합니다. 이는 리스트 컴프리헨션과 sum 함수 를 사용하여 각각의 운동 기록에서 duration을 추출하고 합산합니다.
- 프로그램의 마지막 부분에서 datetime.now().isocalendar()[1]과 datetime.now(). month를 사용하여 현재 주와 현재 월을 가져옵니다. 그리고 이 정보를 사용하여 해당 기간의 운동 요약을 출력합니다.

> ■ 사용 예시
>
> 사용자가 운동 네이터를 입력한 후, 프로그램은 현재 주와 월에 대한 운동 요약을 출력합니다. 이 요약에는 각 기간 동안의 총 운동 시간이 포함됩니다.
>
> ■ 요약
>
> 이 프로그램은 운동 기록 관리를 위한 간단하면서도 효과적인 도구입니다. 사용자는 운동 데이터를 입력할 수 있고, 프로그램은 이 데이터를 기반으로 주간 및 월간 운동 요약을 제공합니다. 이를 통해 사용자는 자신의 운동 루틴을 쉽게 추적하고, 일정 기간 동안의 운동 성과를 확인할 수 있습니다.

6.5 윈도우 그림판 프로그램

🖥️ **프로그램 실습** | **윈도우 그림판 프로그램**

Source Code

Program id: GPT_PY_06-05

```python
import tkinter as tk
from tkinter import colorchooser

class SimplePaintApp:
    def __init__(self, root):
        self.root = root
        self.root.title("Simple Paint App")

        # 캔버스 생성
        self.canvas = tk.Canvas(root, bg='white', width=600, height=400)
        self.canvas.pack()

        # 마우스 이벤트 바인딩
        self.canvas.bind('<B1-Motion>', self.paint)

        # 색상 설정
        self.color = 'black'

        # 색상 선택 버튼
```

```python
        self.color_btn = tk.Button(root, text='Choose Color', command=self.choose_color)
        self.color_btn.pack()

        # 지우기 버튼
        self.clear_btn = tk.Button(root, text='Clear', command=self.clear_canvas)
        self.clear_btn.pack()

    def paint(self, event):
        """그리기 이벤트 처리"""
        x1, y1 = (event.x - 1), (event.y - 1)
        x2, y2 = (event.x + 1), (event.y + 1)
        self.canvas.create_oval(x1, y1, x2, y2, fill=self.color, outline=self.color)

    def choose_color(self):
        """색상 선택"""
        self.color = colorchooser.askcolor(color=self.color)[1]

    def clear_canvas(self):
        """캔버스 지우기"""
        self.canvas.delete('all')

# 메인 윈도우 생성
root = tk.Tk()
paint_app = SimplePaintApp(root)
root.mainloop()
```

출력결과

= RESTART: E:/Since_2015_Class/2023_2학기/파이썬_001_소프트웨어사고/파이썬코드/GPT_
PY_Source Code/GPT_PY_06-05.py

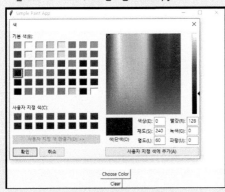
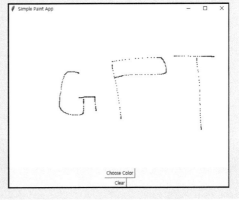

이 프로그램은 Tkinter를 사용하여 간단한 그림판 애플리케이션을 구현합니다. Tkinter는 파이썬의 표준 GUI(그래픽 사용자 인터페이스) 툴킷으로, 간단한 데스크탑 애플리케이션을 만들 때 자주 사용됩니다. 프로그램의 주요 기능과 구성 요소를 단계별로 살펴보겠습니다.

1. Tkinter 모듈 임포트

프로그램은 Tkinter 모듈을 tk라는 별칭으로 임포트합니다. 또한, 색상 선택 대화 상자를 사용하기 위해 colorchooser 모듈을 임포트합니다.

2. SimplePaintApp 클래스 정의

이 클래스는 그림판 애플리케이션의 핵심 기능을 정의합니다.

■ 클래스 초기화 메서드 __init__(self, root):
- 애플리케이션의 메인 윈도우(root)를 초기화하고, 윈도우의 제목을 "Simple Paint App"으로 설정합니다.
- 캔버스를 생성하고, 배경색을 흰색으로, 크기를 600x400 픽셀로 설정한 후 메인 윈도우에 배치합니다.
- 마우스 드래그 이벤트(⟨B1-Motion⟩)를 처리할 paint 메서드에 바인딩합니다.
- 초기 그리기 색상을 검은색으로 설정합니다.
- 색상 선택과 캔버스 지우기 기능을 위한 버튼을 생성하고, 각각 choose_color와 clear_canvas 메서드에 연결한 후 메인 윈도우에 배치합니다.

■ 그리기 이벤트 처리 paint(self, event):
- 사용자가 마우스를 드래그할 때 호출됩니다.
- 드래그하는 위치에 작은 원을 그려서 선처럼 보이게 합니다. 원의 색상은 현재 설정된 색상을 사용합니다.

■ 색상 선택 choose_color(self):
- 색상 선택 버튼을 클릭하면 호출됩니다.
- Tkinter의 colorchooser 대화 상자를 통해 사용자가 색상을 선택할 수 있습니다. 선택된 색상은 그리기 색상으로 설정됩니다.

■ 캔버스 지우기 clear_canvas(self):
- 지우기 버튼을 클릭하면 호출됩니다.
- 캔버스에 그려진 모든 내용을 삭제합니다.

3. 메인 윈도우 생성 및 애플리케이션 실행
- root = tk.Tk()를 통해 메인 윈도우를 생성합니다.
- SimplePaintApp 클래스의 인스턴스를 생성하면서 메인 윈도우를 전달합니다.
- root.mainloop()를 호출하여 이벤트 루프를 시작하고, 애플리케이션이 사용자 입력을 받을 수 있게 합니다.

■ 요약
이 프로그램은 Tkinter를 활용하여 사용자가 마우스로 그림을 그릴 수 있는 간단한 그림판 애플리케이션입니다. 사용자는 캔버스 위에서 마우스를 드래그하여 선을 그리고, 색상 선택 버튼을 통해 선의 색상을 변경하며, 지우기 버튼으로 캔버스를 초기화할 수 있습니다.

6.6 일정표 작성 프로그램

프로그램 실습 일정표 작성 프로그램

Source Code

Program id: GPT_PY_06-06

```python
class Schedule:
    def __init__(self):
        self.events = {}

    def add_event(self, date, start_time, end_time, title):
        if date not in self.events:
            self.events[date] = []
        self.events[date].append({
            "start_time": start_time,
            "end_time": end_time,
            "title": title
        })

    def display_schedule(self):
        for date, events in sorted(self.events.items()):
            print(f"Date: {date}")
```

```python
        for event in events:
            print(f"  {event['start_time']} - {event['end_time']}: {event['title']}")


def get_user_input():
    print("Enter your event details (Enter 'done' to finish):")
    while True:
        date = input("Enter the date (YYYY-MM-DD): ")
        if date.lower() == 'done':
            break
        start_time = input("Enter the start time (HH:MM): ")
        end_time = input("Enter the end time (HH:MM): ")
        title = input("Enter the event title: ")
        schedule.add_event(date, start_time, end_time, title)
        print("Event added. Enter another event or type 'done' to finish.")
# Create a Schedule instance
schedule = Schedule()

# Get user input and add events
get_user_input()

# Display the schedule
print("\nYour Schedule:")
schedule.display_schedule()
```

출력결과

```
>>> = RESTART: E:/Since_2015_Class/2023_2학기/파이썬_001_소프트웨어사고/파이썬코드
/GPT_PY_Source Code/GPT_PY_06-06.py
Enter your event details (Enter 'done' to finish):
Enter the date (YYYY-MM-DD): 2024-01-16
Enter the start time (HH:MM): 09:00
Enter the end time (HH:MM): 10:00
Enter the event title: Morning Meeting
Event added. Enter another event or type 'done' to finish.
Enter the date (YYYY-MM-DD): 2024-01-16
Enter the start time (HH:MM): 13:00
Enter the end time (HH:MM): 14:00
```

```
Enter the event title: Lunch with Client
Event added. Enter another event or type 'done' to finish.
Enter the date (YYYY-MM-DD): 2024-01-17
Enter the start time (HH:MM): 15:00
Enter the end time (HH:MM): 16:00
Enter the event title: Project Review
Event added. Enter another event or type 'done' to finish.
Enter the date (YYYY-MM-DD): done

Your Schedule:
Date: 2024-01-16
  09:00 - 10:00: Morning Meeting
  13:00 - 14:00: Lunch with Client
Date: 2024-01-17
  15:00 - 16:00: Project Review
```

[일정표 작성 프로그램] 프로그램 코드 해설

이 프로그램은 사용자로부터 일정을 입력받아 저장하고, 저장된 일정을 보여주는 간단한 일정표 작성 프로그램입니다. 프로그램은 Schedule 클래스를 중심으로 구성되며, 사용자의 입력을 처리하고 일정을 관리합니다. 프로그램의 주요 부분을 단계별로 살펴보겠습니다.

1. Schedule 클래스

- __init__(self) 메서드: Schedule 클래스의 생성자입니다. 일정(events)을 저장할 빈 딕셔너리 self.events를 초기화합니다. 이 딕셔너리는 날짜를 키로 하고, 해당 날짜에 있는 일정들의 리스트를 값으로 가집니다.
- add_event(self, date, start_time, end_time, title) 메서드: 사용자로부터 입력받은 일정을 self.events 딕셔너리에 추가합니다. 만약 입력받은 날짜에 대한 키가 이미 존재한다면, 해당 날짜의 리스트에 새 일정을 추가합니다. 새 일정은 시작 시간, 종료 시간, 일정 제목을 포함하는 사전 형태로 저장됩니다.
- display_schedule(self) 메서드: 저장된 모든 일정을 날짜별로 정렬하여 출력합니다. 각 일정은 시작 시간, 종료 시간, 일정 제목을 포함하여 표시됩니다.

2. 사용자 입력 처리 (get_user_input 함수)

- 사용자로부터 일정의 날짜, 시작 시간, 종료 시간, 제목을 순차적으로 입력받습니다. 사용자가 'done'을 입력할 때까지 이 과정을 반복합니다.

- 각 일정에 대한 정보가 입력될 때마다, Schedule 클래스의 인스턴스인 schedule을 통해 add_event 메서드를 호출하여 해당 일정을 추가합니다.

3. 프로그램 실행 흐름
- Schedule 클래스의 인스턴스 schedule을 생성합니다.
- get_user_input 함수를 호출하여 사용자로부터 일정 정보를 입력받습니다. 사용자가 'done'을 입력하면 입력 과정이 종료됩니다.
- 모든 일정 입력이 완료된 후, display_schedule 메서드를 호출하여 저장된 모든 일정을 출력합니다.

■ 요약

이 프로그램은 사용자가 입력하는 일정 정보(날짜, 시작 시간, 종료 시간, 제목)를 관리하고, 입력된 정보를 기반으로 일정표를 생성하여 출력합니다. 사용자는 여러 일정을 입력할 수 있으며, 모든 일정은 날짜별로 정렬되어 출력됩니다. 이 프로그램을 통해 사용자는 자신의 일정을 간편하게 관리하고 확인할 수 있습니다.

6.7 자율주행 차량 장애물 회피 프로그램

자율주행 차량을 위한 코드를 작성하는 것은 매우 복잡한 과제입니다. 자율주행 시스템은 일반적으로 센서 데이터 처리, 객체 인식, 의사결정 알고리즘, 그리고 차량 제어를 포함합니다. 여기서는 기본적인 예시를 제공할 수 있지만, 실제 자율주행 차량을 위한 코드는 훨씬 더 복잡하고 다양한 기술과 통합이 필요합니다.

간단한 예시로, Python을 사용하여 가상의 자율주행 차량이 기본적인 장애물 회피를 수행하는 코드를 작성해 보겠습니다. 이 코드는 실제 자율주행 차량의 복잡성을 완전히 반영하지는 않지만, 기본적인 개념을 이해하는 데 도움이 될 수 있습니다.

이 예시에서는 차량이 센서로부터 거리 데이터를 받아, 장애물이 감지되었을 때 멈추고 방향을 바꾸는 기본적인 로직을 구현할 것입니다. 실제로는 센서 데이터를 처리하고 차량을 제어하는 데 필요한 하드웨어 인터페이스가 필요하지만, 여기서는 이러한 부분을 간단히 가정하고 구현해 보겠습니다.

먼저 이 코드를 실행하기 위해선, Python 환경에 numpy 라이브러리가 설치되어 있어야 합니다. 설치되어 있지 않거나 error가 날 경우 terminal 또는 cmd환경에서 "pip install numpy"를 실행합니다. numpy는 수치 계산에 자주 사용되는 라이브러리입니다. 이 예시에서는 numpy를 사용하여 간단한 시뮬레이션 데이터를 생성할 것입니다.

(코드 내용)

시뮬레이션 코드는 가상의 자율주행 시나리오를 모방합니다. 이 코드는 각 스텝마다 임의의 거리를 생성하여 장애물과의 거리를 시뮬레이션합니다. 이 거리가 특정 임계값(예: 5미터)보다 작으면, 장애물이 감지된 것으로 간주하고 차량이 멈추며 방향을 바꾸는 것으로 가정합니다. 거리가 임계값보다 크면 차량은 계속 주행합니다.

실제 자율주행 차량에서는 이보다 복잡한 센서 데이터 처리, 객체 인식, 의사결정 알고리즘, 차량 제어 등이 포함됩니다. 또한 실시간으로 다양한 센서로부터 데이터를 받아 처리하며, 도로 상황, 교통 규칙, 안전 요소 등을 고려해야 합니다.

이 예시는 자율주행의 일부 기능에 대한 기본적인 로직을 보여주기 위한 것이며, 실제 자율주행 시스템 구현에는 추가적 기능과 각 기능에 대한 통합이 필요하다고 보면 됩니다.

프로그램 실습 **일정표 작성 프로그램**

Source Code

Program id: GPT_PY_06-07

```
import numpy as np
import random

def detect_obstacle(distance):
    """
    간단한 장애물 감지 함수.
```

```
      장애물이 특정 거리 이내에 있으면 True 를 반환하고, 그렇지 않으면 False 를
  반환한다.
      """
      THRESHOLD_DISTANCE = 5.0 # 장애물 감지 거리 임계값 (예: 5 미터)
      return distance < THRESHOLD_DISTANCE

def autonomous_driving_simulation():
      """
      가상의 자율주행 시뮬레이션.
      차량이 일정 거리를 이동하면서 장애물을 감지하고, 필요할 경우 멈추고 방향을
  바꾼다.
      """
      for step in range(10): # 10 개의 시뮬레이션 스텝
          # 임의의 거리 데이터 생성 (예: 0 ~ 10 미터)
          distance = random.uniform(0, 10)

          print(f"Step {step+1}: Detected distance to obstacle:
                  {distance:.2f} meters")

          if detect_obstacle(distance):
              print("Obstacle detected! Stopping and changing direction.")
              # 여기서 차량을 멈추고 방향을 바꾸는 로직을 구현할 수 있습니다.
              # 실제 자율주행 차량에서는 여기에 더 복잡한 처리가 필요합니다.
              continue

          print("No obstacle detected. Continuing driving.")
          # 여기서 차량을 계속 운전하는 로직을 구현할 수 있습니다.

autonomous_driving_simulation()
```

출력결과

```
>>> = RESTART: E:/Since_2015_Class/2023_2학기/파이썬_001_소프트웨어사고/파이썬코드
/GPT_PY_Source Code/GPT_PY_06-07.py
Step 1: Detected distance to obstacle: 6.68 meters
No obstacle detected. Continuing driving.
Step 2: Detected distance to obstacle: 0.36 meters
Obstacle detected! Stopping and changing direction.
Step 3: Detected distance to obstacle: 2.71 meters
Obstacle detected! Stopping and changing direction.
```

Step 4: Detected distance to obstacle: 2.36 meters
Obstacle detected! Stopping and changing direction.
Step 5: Detected distance to obstacle: 2.81 meters
Obstacle detected! Stopping and changing direction.
Step 6: Detected distance to obstacle: 3.93 meters
Obstacle detected! Stopping and changing direction.
Step 7: Detected distance to obstacle: 1.46 meters
Obstacle detected! Stopping and changing direction.
Step 8: Detected distance to obstacle: 6.83 meters
No obstacle detected. Continuing driving.
Step 9: Detected distance to obstacle: 3.47 meters
Obstacle detected! Stopping and changing direction.
Step 10: Detected distance to obstacle: 8.39 meters
No obstacle detected. Continuing driving.

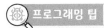 프로그래밍 팁

Idle 환경에서 pandas, matplotlib, numpy 설치시 pip 관련 invalid syntax 나올 때 조치 방법

Path 조정

a) 내 PC에 오른쪽 마우스 버튼을 누른 후 속성 클릭

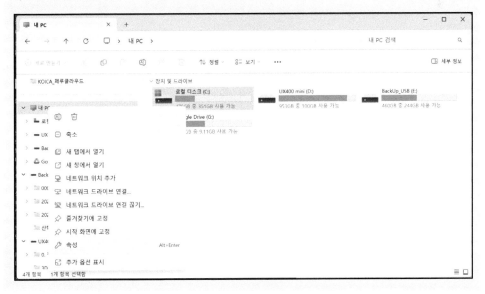

b) 고급 시스템 설정 클릭 이후 시스템 속성의 환경 변수 클릭

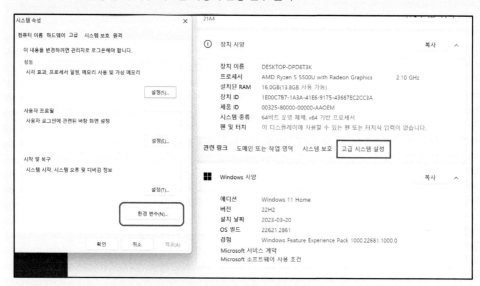

c) 환경변수 창에서 시스템 변수의 Path를 Click 후, 환경변수 편집 창에 Python이 설치된 Folder 와 Python의 Scripts Folder의 Path를 추가함 (Python Scripts Folder에 pip 명령어 File이 설치되어 있음)

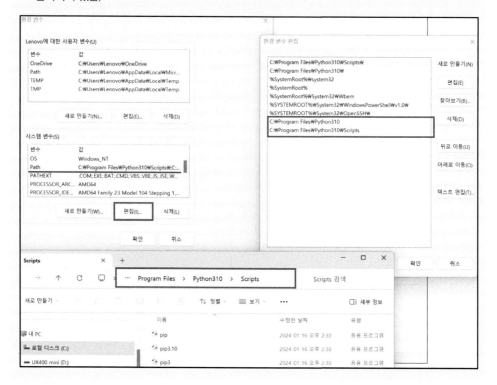

d)"python –m pip" numpy, matplotlib, pandas 설치하면 error가 나지 않고 잘 실행됨

6.8 개인 재정 관리 프로그램

개인 재정 관리 프로그램의 기본적인 기능은 수입과 지출을 기록하고 총 잔액을 계산하는 간단한 코드입니다. 이 코드는 사용자로부터 수입과 지출을 입력받아 기록하고, 언제든지 현재 잔액을 확인할 수 있게 합니다.

이 프로그램은 FinanceManager 클래스를 사용하여 수입과 지출을 관리합니다. 사용자는 income을 입력하여 수입을, expense를 입력하여 지출을 기록할 수 있으며, show를 통해 현재 잔액을 확인하고, records를 통해 모든 기록을 볼 수 있습니다. exit 명령어로 프로그램을 종료할 수 있습니다.

이 코드는 매우 기본적인 재정 관리 기능을 제공하며, 좀 더 유용하게 사용하기 위해서는 데이터 저장 기능, 카테고리별 분류, 예산 계획 기능 등을 추가하는 것을 고려해 볼 수 있습니다.

개인 재정 관리 프로그램

Source Code

Program id: GPT_PY_06-08

```python
class FinanceManager:
    def __init__(self):
        self.balance = 0
        self.records = []

    def add_income(self, amount):
        self.balance += amount
        self.records.append(("수입", amount))

    def add_expense(self, amount):
        self.balance -= amount
        self.records.append(("지출", amount))

    def show_balance(self):
        return self.balance

    def show_records(self):
        for record in self.records:
            print(f"{record[0]}: {record[1]}원")

def main():
    manager = FinanceManager()

    while True:
        action = input("수입 추가: '수입', 지출 추가: '지출', 잔액 확인: '잔액',
                기록 보기: '기록', 종료: '종료' 중 선택하세요: ").lower()

        if action == '수입':
            amount = float(input("수입 금액을 입력하세요: "))
            manager.add_income(amount)

        elif action == '지출':
            amount = float(input("지출 금액을 입력하세요: "))
            manager.add_expense(amount)
```

```
        elif action == '잔액':
            print(f"현재 잔액: {manager.show_balance()}원")


        elif action == '기록':
            manager.show_records()


        elif action == '종료':
            break


        else:
            print("잘못된 옵션입니다. 다시 시도해주세요.")


if __name__ == "__main__":
    main()
```

출력결과

```
>>> = RESTART: E:/Since_2015_Class/2023_2학기/파이썬_001_소프트웨어사고/파이썬코드
/GPT_PY_Source Code/GPT_PY_06-08.py
수입 추가: '수입', 지출 추가: '지출', 잔액 확인: '잔액', 기록 보기: '기록', 종료: '종료' 중 선택하세요: 수입
수입 금액을 입력하세요: 300000000
수입 추가: '수입', 지출 추가: '지출', 잔액 확인: '잔액', 기록 보기: '기록', 종료: '종료' 중 선택하세요: 지출
지출 금액을 입력하세요: 1500000
수입 추가: '수입', 지출 추가: '지출', 잔액 확인: '잔액', 기록 보기: '기록', 종료: '종료' 중 선택하세요: 잔액
현재 잔액: 298500000.0원
수입 추가: '수입', 지출 추가: '지출', 잔액 확인: '잔액', 기록 보기: '기록', 종료: '종료' 중 선택하세요: 기록
수입: 300000000.0원
지출: 1500000.0원
수입 추가: '수입', 지출 추가: '지출', 잔액 확인: '잔액', 기록 보기: '기록', 종료: '종료' 중 선택하세요: 수입
수입 금액을 입력하세요: 5000
수입 추가: '수입', 지출 추가: '지출', 잔액 확인: '잔액', 기록 보기: '기록', 종료: '종료' 중 선택하세요: 지출
지출 금액을 입력하세요: 3000
수입 추가: '수입', 지출 추가: '지출', 잔액 확인: '잔액', 기록 보기: '기록', 종료: '종료' 중 선택하세요: 잔액
현재 잔액: 298502000.0원
수입 추가: '수입', 지출 추가: '지출', 잔액 확인: '잔액', 기록 보기: '기록', 종료: '종료' 중 선택하세요: 기록
수입: 300000000.0원
지출: 1500000.0원
수입: 5000.0원
지출: 3000.0원
수입 추가: '수입', 지출 추가: '지출', 잔액 확인: '잔액', 기록 보기: '기록', 종료: '종료' 중 선택하세요: 종료
```

6.9 가계부 작성 프로그램

파이썬으로 가계부 프로그램을 만들고, 이를 엑셀 파일로 저장할 수 있도록 하는 코드를 만들어 보겠습니다. 이를 위해서는 pandas와 openpyxl 라이브러리를 사용할 것이며, 먼저, 이 라이브러리들을 설치해야 합니다.

(코드내용)

이 코드는 사용자로부터 수입/지출 기록을 입력받아 pandas DataFrame에 저장합니다. '저장' 명령어를 통해 이 DataFrame을 엑셀 파일로 저장할 수 있으며, '종료' 명령어로 프로그램을 종료할 수 있습니다.

엑셀 파일로 저장하는 기능은 pandas의 to_excel 메서드를 사용하여 구현되었습니다. 이 메서드는 DataFrame의 내용을 엑셀 파일로 변환하여 저장합니다. 사용자는 원하는 파일명을 입력하여 파일을 저장할 수 있습니다.

(추후 Version Up 방향)

이 프로그램은 간단한 가계부 관리에 적합하며, 필요에 따라 추가 기능을 구현하여 더 복잡한 재정 관리가 가능하도록 확장할 수 있습니다. 예를 들어, 다양한 카테고리를 지원하거나, 월별 또는 연간 보고서를 생성하는 기능을 추가할 수 있습니다.

> 📟 **프로그램 실습**   **가계부 프로그램**

Source Code

Program id: GPT_PY_06-09

```python
import pandas as pd
from datetime import datetime
import os
```

```python
class Ledger:
    def __init__(self):
        self.records = pd.DataFrame(columns=['Date', 'Type', 'Category', 'Amount',
                                             'Description'])

    def add_record(self, record_type, category, amount, description):
        new_record = pd.DataFrame([{
            'Date': datetime.now().strftime('%Y-%m-%d %H:%M:%S'),
            'Type': record_type,
            'Category': category,
            'Amount': amount,
            'Description': description
        }])
        self.records = pd.concat([self.records, new_record], ignore_index=True)

    def save_to_excel(self, filename):
        # 파일이 이미 존재하는 경우 확인
        if os.path.exists(filename):
            overwrite = input(f"'{filename}' 파일이 이미 존재합니다. 덮어쓰시겠습
                              니까? (예/아니오): ").lower()
            if overwrite != '예':
                print("파일 저장이 취소되었습니다.")
                return

        self.records.to_excel(filename, index=False)
        print(f"가계부가 {filename} 파일로 저장되었습니다.")
        print(f"파일 위치: {os.path.abspath(filename)}")

def main():
    my_ledger = Ledger()

    while True:
        action = input("기록 추가: '추가', 엑셀로 저장: '저장', 종료: '종료' 중
                       선택하세요: ").lower()

        if action == '추가':
            record_type = ""
```

```python
        while record_type not in ["수입", "지출"]:
            record_type = input("수입 또는 지출 중 선택하세요: ")
            if record_type not in ["수입", "지출"]:
                print("에러: '수입' 또는 '지출' 중 하나를 입력해야 합니다.")

        category = input("카테고리를 입력하세요: ")
        amount = float(input("금액을 입력하세요: "))
        description = input("설명을 입력하세요: ")
        my_ledger.add_record(record_type, category, amount, description)

    elif action == '저장':
        filename = input("저장할 엑셀 파일명을 입력하세요 (예: 가계부.xlsx): ")
        my_ledger.save_to_excel(filename)

    elif action == '종료':
        break

    else:
        print("잘못된 옵션입니다. 다시 시도해주세요.")


if __name__ == "__main__":
    main()
```

출력결과

```
>>> = RESTART: E:/Since_2015_Class/2023_2학기/파이썬_001_소프트웨어사고/파이썬코드
/GPT_PY_Source Code/GPT_PY_06-09.py
기록 추가: '추가', 엑셀로 저장: '저장', 종료: '종료' 중 선택하세요: 추가
수입 또는 지출 중 선택하세요: 수입
카테고리를 입력하세요: 급여
금액을 입력하세요: 5000000
설명을 입력하세요: 월 급여
기록 추가: '추가', 엑셀로 저장: '저장', 종료: '종료' 중 선택하세요: 추가
수입 또는 지출 중 선택하세요: 지출
카테고리를 입력하세요: 외식비
금액을 입력하세요: 100000
설명을 입력하세요: 미팅 후 외식
```

기록 추가: '추가', 엑셀로 저장: '저장', 종료: '종료' 중 선택하세요: 추가
수입 또는 지출 중 선택하세요: 수입
카테고리를 입력하세요: 수당
금액을 입력하세요: 1000000
설명을 입력하세요: 야근 수당
기록 추가: '추가', 엑셀로 저장: '저장', 종료: '종료' 중 선택하세요: | 추가
잘못된 옵션입니다. 다시 시도해주세요.
기록 추가: '추가', 엑셀로 저장: '저장', 종료: '종료' 중 선택하세요: 추가
수입 또는 지출 중 선택하세요: 지출
카테고리를 입력하세요: 식료품비
금액을 입력하세요: 150000
설명을 입력하세요: 식료품 구매
기록 추가: '추가', 엑셀로 저장: '저장', 종료: '종료' 중 선택하세요: 저장
저장할 엑셀 파일명을 입력하세요 (예: 가계부.xlsx): 가계부_20240117.xlsx
'가계부_20240117.xlsx' 파일이 이미 존재합니다. 덮어쓰시겠습니까? (예/아니오): 예
가계부가 가계부_20240117.xlsx 파일로 저장되었습니다.
기록 추가: '추가', 엑셀로 저장: '저장', 종료: '종료' 중 선택하세요: 종료

■ 저자약력

홍석우

2015~현 재 수원대학교 IT대학 정보미디어학 교수

2008~2010 삼일PwC컨설팅 시니어 매니저

2003~2006 LG CNS 임베디드SW팀 차장

1991~2000 삼성SDS 공공개발팀 과장

AI시대의 코딩 스타트 ChatGPT와 함께하는 파이썬 입문

1판 1쇄 인쇄 2024년 02월 20일
1판 1쇄 발행 2024년 02월 26일
저   자 홍석우
발 행 인 이범만
발 행 처 **21세기사** (제406-2004-00015호)
        경기도 파주시 산남로 72-16 (10882)
        Tel. 031-942-7861   Fax. 031-942-7864
        E-mail : 21cbook@naver.com
        Home-page : www.21cbook.co.kr
        ISBN 979-11-6833-098-6

        정가 25,000원